知っているときっと役に立つ

スポーツとからだの話33

舟橋明男・橋本名正・小西文子著

黎明書房

まえがき

生涯にわたってスポーツを楽しもう

スポーツが盛んになってきました。スポーツ競技者よりは、健康のためのスポーツ、レクリエーションとしてのスポーツ愛好者が増えてきました。特に、スポーツ少年団とゲートボールがスポーツの幅を広げてくれました。生涯スポーツのドアを開いてくれた気がします。中でも、スポーツ少年団と中学校のスポーツ系クラブ活動は、将来、スポーツを楽しむ人々の基礎つくりになるはずです。しかし、基礎つくりの段階で、一つのスポーツ「ばっかり運動」のために、かたよりがでてきますと、かえって障害がでてきて、素質があって将来チャンピオンを夢みるようになっても、伸びなくなってしまいます。それではスポーツの楽しみが半減してしまうではありませんか。スポーツの科学的な知識を増して、スポーツを楽しみ、将来のことを考えた指導をしていただきたいと思っています。

そのために、幼稚園児から高齢者まで、一生涯にわたってスポーツを楽しむことを頭において書いたのが、この本です。この度の新装版刊行にあたり、若干の修正を加え、栄養関係の共著者を得て一部差し換えを行ないました。

講習会などでスポーツ少年団の指導者の方にお会いすると、その熱心さには頭がさがります。あるとき、持っておられた「スポーツ少年団指導員のためのテキスト」を拝見しましたところ、テキストの中でも、からだに関するところは大変むつかしく書いてありました。もっとやさしく、役に立つことを、わかりやすく書いてある本が必要だと思いました。そこで、この本を書きました。

先生と指導者の皆さんへ

中学校では、スポーツ種目のクラブ活動が盛んです。先生はそのスポーツの経験がなくても、指導を引き受けてほしいものです。中学時代は、種目の技術的な指導よりも、スポーツのもつ共通点をおさえていただければいいのではないかと考えて、この本も構成しています。一つの項目を生徒と一緒に読みながら、指導してほしいと願っています。

スポーツ少年団の指導員の方も、社会体育の体育指導委員やスポーツ振興・普及員の方も、運動指導員やスポーツプログラマーの方も、部活の顧問・部長・監督の先生方も、保健体育の授業をしている先生方も、児童や生徒の指導ばかりでなく、自分達の健康や家族の健康に注意をはらっておられるはずです。この本が年齢幅を拡げているのは、指導者自身の健康のために、まず、指導者が実行してほしいことがあるからです。新しくスポーツ指導者の職業病などができたのでは、お話になりませんから。

さらに、子供達もいずれ大人になり、老いていくことになるのですから、今さえよければよいという考えではなく、その時期を一生涯の中に位置づけて、前後を見通した指導をしていただくために、広い年齢にわたる内容を書きました。

この本の内容について

この本には、チャンピオンをつくるための知識は入れていません。みんなが、いくつになっても、健康で、スポーツを楽しむための本にしました。

それぞれの話は、私達自身の研究成果と経験を基盤にして書きました。国内外で研究されていることは、研究室にお邪魔をしたり、あるいは、海外にでかけたりしてお聞きしたことを下敷きにして書いたものもあります。ご協力に感謝しています。また、学会や雑誌で研究発表されたもののなかには、研究者だけにとどめておかないで、広く健康のためにスポーツを楽しんでいる愛好者に知っておいてほしい内容がありますので、実際に役に立つものばかりを選んで書きました。

その選択には朋友や高知大学教育学部附属中学の先生の知恵を拝借しました。そのことによって読者の皆様の世界が広がることと期待しています。記して御礼申し上げます。

最後に、新装版刊行の機会を与えてくださり、的確なアドバイスをいただいた黎明書房の武馬久仁裕社長に深く感謝をいたします。

二〇〇二年　よさこい高知国体の年に

舟橋明男
橋本名正
小西文子

もくじ

II スポーツと健康

もくじ

III　スポーツと指導

◇指導一口メモ――

もくじ

イラスト：筧　都夫
写　真：舟橋　開
宗石雄久

I スポーツとからだ

1 君はかつおタイプか、わかあゆタイプか

赤身の筋肉は持久力、白身の筋肉は爆発力

土佐の高知では、初がつおのおいしい季節になってきました。漁師さんの話によると、群をなしたかつおが土佐沖を泳いでいるそうです。その中へ舟を進めて、一本釣りの漁法で、ひとかかえほどもあるかつおを、舟の甲板へどさどさと音をたてて釣りあげているニュースが報道されています。その勇ましさに血がわきます。

そのかつおを刺身にしたり、たたきという料理にして食べるのは、大変おいしいものです。かつおの切り口の肉は赤く見えています。筋肉が赤いのです。切り口から血も少しにじみでています。にんにくと一緒にかむと、ねばりのある歯触りで、よく引きしまっていて、気持ちの

いいものです。かつおやまぐろは遠くの方から、黒潮に乗って一日に一〇〇キロメートルも二〇〇キロメートルもゆうに泳いでくるのだそうです。まさに長距離選手というところでしょう。

ところで、日本では古くから鯛《たい》が好まれました。御祝いの食べ物には鯛がつきものでした。今でも結婚式の祝い膳《ぜん》の上に尻尾をぴんと上げた一匹の鯛がついていることがあります。鯛の肉は白身です。白い色をした筋肉の魚が瀬戸内などではよく見られます。

鯉《こい》もやはり白身の魚で、琵琶湖育ちの私は鯉をつかまえたり、鯉の料理をよく食べたものです。この白い魚はあまり遠くへ移動したり、長い期間動いたりはしません。かえって短い時間に大きな力を出すのが得意です。鯉の滝登りといわれますが、鯉の勢いのよさを示しています。あゆも同じ仲間です。つまり、赤い筋肉を持った魚は、遠い長い距離を泳ぐのに対して、白い筋肉を持った魚は、短い距離を一気にスピードを上げて泳ぐのが得意なのです。

このように筋肉は見た目が違えば性質も異なっているのです。赤身の魚というのは長距離選手ですから、長い時間、血液からエネルギーを補給してもらえるような筋肉の構造になっています。筋肉内に細い血管がたくさん入り込んでいます。それで赤く見えるのです。

それでは、魚と同じようなことが、私達のからだにもあるのでしょうか。はっきりと白、赤というように分かれているのでしょうか。また性質も、長距離型、短距離型と分かれているのでしょうか。

魚のようにハッキリとはいきませんが、同じ性質をみることができるのです。たとえば、足と手とを比べますと、足の方の筋肉は赤身の筋肉（赤筋）の比率が白い筋肉（白筋）よりは高く、反対に手は白い方が多いのです。これはたぶん、両足で立って歩くようになってから、その差が出てきたのだと思いますが、歩くのは、どうしても長時間になりがちですから、足はそれに適した筋肉を持つようになったわけです。

手は動きも速く、長時間になると、疲れやすいことは皆さんも経験していることでしょう。

私の趣味は山登りですが、それにはまず足をきたえなければなりません。ともかく、歩いて歩いてというスポーツです。ヒマラヤにでかけたときには、山のふもとまでたどりつくのに、毎日毎日二〇キロメートルも三〇キロメートルも歩きました。午後からの足はもう惰性で動いているようなものです。それでも、足の筋肉は、エネルギー源を使っても使っても、血液がそれを補給してくれるように、すみずみにまで血管が発達しているからです。

それに対して、手は疲れやすいものです。ヒマラヤ山脈の中のヤジュンという山に初登頂したときのことです。その頂上は雪がふきとばされて、岩壁になっている岩場でした。そこへ、その日のために日本できたえておいた手と腕と足とで、へばりつくように登っていきます。手や指に頼って登っていると、どうしても指先や腕の力が弱くなって疲れてきます。そこで、できるだけ足に頼るようにして登り、手を休ませては登り続けたものです。それが岩登りの秘訣なのです。

さて、からだのうち、足には赤身の筋肉が多く、手には白身の筋肉が多いということがわかっているわけですが、個人個人に、その多少の差はあるのでしょうか。

これも少しはあるようです。短距離走に高い能力を発揮できる人は、白身の比率が高いようですし、長距離走に必要な持久力、すなわち、持ちこたえる力が強い人は、これは赤身の比率が高いことがわかっています。

それでは、この比率をトレーニングすることによって変えられるのでしょうか。

このことは、まだはっきりとはわかっていませんが、赤と白の中間型が増えてくるという研究もあります。しかし、皆さんの中で一〇〇メートルを走るよりもマラソンの方が好きだとか、長距離走、持久走の方が好きだと思う人はたぶん赤身の比率が高いのでしょう。

「たぶん」ではなくて、もっとはっきりわかる方法がないのでしょうか。

それには、少し――ほんの少しですが、からだから筋肉をとってきて調べるという方法があります。それをバイオプシーといっています。ヨーロッパやアメリカ合衆国の世界一流のランナーは案外平気で、検査結果のそのデータから、自分はどんなトレーニングをしたらもっと強くなれるかを考える資料にしているそうです。

それに比べて、日本の選手は、割合に神経質だといわれています。日本では、注射針を差し込んで、筋肉を取るということが、選手には好まれていません。

だけれども、こういったことは、チャンピオンになろうとする人には必要ですが、授業の体育のときにはまったく必要ありません。少々どちらが多くてもそんなに変わらないものです。

体育の授業では、五〇メートル走や、八秒間走の短時間走も、一〇〇〇メートル走や、折り返し持久走、固定ペース走の長時間走も、筋肉の適否を考えずに能力をつけてください。もし皆さんが日本記録に迫るようになったり、世界の人達とオリンピックで競争するだけの力をつけてきたら、そのときには考えてみてください。

学校の体育の授業では、赤筋も白筋もきたえることが必要です。足の筋肉でいえば、長距離走や長時間走は赤い筋肉をきたえているのですし、短距離走や八秒間走は白い筋肉をきたえていることになります。

筋肉をきたえるということは、白い筋肉には素早く、しかも強く縮む性質を発達させることです。赤い筋肉に適しているのは、ゆっくりとした運動で、繰り返し縮む性質を発達させることになります。

健康のためにはいずれも必要な能力ですから、好ききらいをいわないで実施してほしいものです。そのためには競争場面で行なわない注意も必要です。

指導一口メモ―①

運動が大腸がんを予防

現在、日本人の死因はがんが第一位である。がんの中でも、低位だった大腸がんの率が最近になって急激に高くなってきている。平成一〇年度の確定数では、女性で第二位、男性で第四位であった。その原因の一つは、脂肪の多い食物を食べるようになったからである。脂肪の消化を助ける意味で、胆汁《たんじゅう》が多量に分泌される。この胆汁が腸の細菌によって二次胆汁酸に変えられるのであるが、それががんになりかかっている細胞を急速にがん化させるひきがねの役目をしている。便秘をして、長く大便を大腸にためておくと、大腸がんの促進をすることになる。

運動は便秘を予防し、排便をうながす。したがって、運動は大腸がんを予防するよい方法なのではないかといわれるようになった。

便秘がちな人には次のことをすすめたい。朝起きたら、冷たい水を飲んで、あったかい服装で一〇分間ほど歩いてくる。それから排便をするのである。痔《じ》の悪い人にもすすめられる。

② 筋肉がしている、もう一つの働き

心臓は二つあるのか、動脈の心臓と静脈の心臓と

「君は心臓をいくつ持っていますか」とたずねられたら、「もちろん、一つ」と答えるでしょう。たしかにヒトは心臓を一つしか持っていません。

次に「心臓の主な働きは」とたずねられたら、どのように答えますか。「血液を全身に送るために押し出す働き」と答えてくれるでしょうね。それが心臓の一番大切な働きです。

それでは「血液を押し出す働きをしているのは、心臓だけですか」ときかれたら、これまでのように、すぐには答えにくいでしょう。それを少しほりさげて考えてみましょう。

運動をするということは筋肉を動かすということです。筋肉は、縮んだり、伸びたりしながら、骨を動かして、からだ全体がまとまった動きになるようにしています。筋肉が動くためには、エネルギーとなる原料が必要です。その原料は二つあります。

一つは、食べ物から作ります。食べた物をこまかくくだくことから始めます。次に、腸で吸収をして、その吸収をした物をエネルギーになるような原料に作りかえます。

もう一つは、鼻や口から吸い込んだ空気の中から酸素だけを選択して、肺で血液の中に送りこみます。

その食物と酸素の二つの原料はいずれも血液を通して、エネルギーの必要なところに送り込みます。二四時間休まず働いている脳、心臓や腎臓《じんぞう》は優先的です。そして、からだの大部分をしめている筋肉や内臓に送られます。脳が働いているということは、血液がいつも供給されているということです。その血液の中にエネルギーとなる原料が含まれているわけです。

激しく筋肉を動かして運動をしようとしますと、とうぜん、血液もたくさん必要になります。血液は大忙しで筋肉へ原料を送らなければなりません。そのためには、心臓が動く回数を多くして返ってきた血液を次々と送り出していきます。

原料を送る血液を動脈血といい、その動脈血が通っている血管を動脈といいます。この動脈血は心臓から出るときに、どんと後押しをしてもらって動脈の中に押しやられます。心臓から遠い足先だって、押す力を大きくしてもらえば心配ありません。

心臓から出ていった血液は、また心臓にもどってこなくてはなりません。エネルギーの原料を送り届けて、それを使ってエネルギーを出した際に作られた物や、あるいは、酸素を使った後にできた二酸化炭素（炭酸ガス）などはいったん血液にとけて、心臓にもどってこなくてはなりません。そのもどりの際には誰も後押しをしてくれません。往《ゆ》きは心臓が押してくれるからいいのですが、帰りはだれも押してくれないのです。心臓へもどってくる血液が少なければ、多く押し出したくても、押し出せません。多量の血液を押し出したくても、心臓へもどってくる血液が少なければ、どうにもなりません。

心臓がたくさん血液を送り出すためには、その分だけ心臓にもどってこなければいけないわけです。ところがそのもどりが悪くなると、送りたくても血液が送れないということが起こってきます。そこで、そのもどってくる血液を静脈血といい、その血液が通っている血管を静脈といいますが、その静脈血を速くもどすために静脈血管の周りをぐーっと押さえつけて、中の静脈血を心臓の方に送る役目をしているものがあります。それが筋肉なのです。

筋肉はどのようにして、血管を押さえつけるのでしょうか。

筋肉が収縮しますと、長さは短くなり、まんなかはふくれあがるように、形を変えて大きくなります。その様子を見るために、腕をまげて、力こぶを作ってみてください。このように、筋肉を縮めると、筋肉と筋肉の間を走っている静脈は圧迫されて、心臓にもどろうとしている血液が外のまわりから押されます。心臓の反対の方にも押されてしまうのですが、静脈には弁があるので、心臓の方にしか進んでいかない仕組みになっています。

筋肉は、血液の中に混じって運ばれてきたエネルギーの原料をたくさん使います。そのために筋肉はたくさんの血液が必要ですが、同時にエネルギーを使いながら、静脈血を心臓にもどす働きをしているわけです。血管と筋肉の関係が、牛乳をしぼっているようにみえるものですから、ミルキング・アクションと呼ばれています。

血液を押し出すのが心臓の役目なら、まさに筋肉は心臓と同じ役目をしているわけです。心臓が動脈血を担当し、筋肉は静脈血を担当しています。静脈の心臓が筋肉というわけです。そんなことから、筋肉は第二の心臓とも呼ばれるようになったのです。

からだの構造を描いた解剖の絵には動脈と静脈が描かれています。動脈は心臓からたっぷりとエネルギーの原料などを満載して、全身に血液を送り出しています。勢い(血圧のことです)もあります。それで、絵では赤色にぬられています。実際にどちらかというと赤い方なのです。

ところが静脈は、エネルギーを使った後の再生をするために心臓にもどっていくのですが、これはゆっくりと流れています。どちらかといえば少し青いので、絵でも青色が使って分けられています。ですから、つい私達は、血液の色から動脈血は赤いもの、静脈血は青いものという感じで受けとってしまいがちです。私が初めて人体解剖の勉強をしたときに、静脈と動脈の区別がつきませんでした。からだには、もちろん本の図のように赤色にもぬっていなければ、青色にも染まっていなかったからです。からだの中が赤色や青色になっていないことを、そのときに見つけて自分でもおかしく、さも大発見をしたような不思議な気分になったものです。そんなことはすこし考えれば、あるはずもないことがわかっていながら、いつの間にかそのような錯覚をしていたことをおかしく思ったものでした。本だけで勉強していますと、確かにそういった錯覚がたくさんあるのでしょう。

動脈という名前は、心臓から送り出されてくる血液を入れる血管につけられています。反対に、心臓にもどってくる血液を通している血管は、静脈と名づけられています。血管の名前は、血液が静脈血でも動脈血でも、血液の状態には関係がないのです。ですから動脈の中に静脈血が流れているところがあります。右の心室から肺へつらなっている肺動脈がそれにあたります。

少し長くなりましたので、まとめておきましょう。

動脈血を速く多量に筋肉へ送りたいときには、高い血圧で早く強く心臓の筋肉を動かして送ることができます。ところが静脈血の心臓へのもどりには、規則正しく押してくれる心臓がありません。その代わりをしているのが筋肉です。動脈血を押しだす心臓の働きは、筋肉が静脈血に対してしてしているわけです。

運動の前にする準備運動や運動が終わったときにする整理運動、あるいは運動の途切れ目には、時々リズミカルに、ゆっくり筋肉を曲げたり、伸ばしたりする動作を入れましょう。すると、静脈血のもどりも早く、疲労回復にもなるのです。特に、鉄棒の懸垂のように腕を曲げて顎《あご》を鉄棒の上に出すような姿勢を長く続けたとき（これは筋肉の長さが変わらない運動ですからアイソメトリックと呼ばれています）、その後には必ず、リズミカルな腕の曲げ伸ばしをすることを忘れないでほしいものです。筋肉の心臓は意識的に動かしてやらなくてはならないのですから。

3 かたい骨をもろくさせないためには

リュックをかついで、買い物へ、グランドへ

七〇歳の誕生日を迎えたおばが、玄関のわずかな段にけつまずいて倒れたそうです。顔も打ちませんでしたし、腕を傷つけてもいません。胸も打ってはいません。肘《ひじ》と腰を少し打ったように本人はいいますが、すり傷が肘に少し残っている程度だったそうです。それなのに立つことも歩くこともできないものですから、お医者さんに診《み》てもらったら、腰から右足へつづく部分の、足の骨の一番上が折れていたそうです。すぐに入院をして、最終的には、骨折した先の部分を人工の骨に代えて、そして残っている骨につなぐという手術をしたそうです。家族の者達やまわりで見ていた人達は、あんな簡単なことで、よくそのような大きな骨が折れたものだと、少々あきれたり、気の毒がったりしていました。

このおばは、少しあわて者でしたから、それで倒れたのだろうと、人々はほほえんでいまし

たし、本人もそのように考えていましたが、私の見たところでは、大腿骨《だいたいこつ》の骨が全体的に弱くなっていたように思います。骨がもろくなる「骨そしょう症」という状態になっていたのではないかと思うのです。手術した医師からは「骨が大分弱っていましたからね」という説明だったそうです。

骨からカルシウムなどが抜け出て、もろくなっていたのです。おばは昔風の人でしたから、よく歩いてもいたように思いますが、やはりなにかが足らなかったのでしょう。歳をとっても骨をかたくしておくためには、カルシウムを食物からとり、よく歩くことが大切になります。特に女性の方は、閉経期（月経が終わる時期。日本では現在五二、三歳ころが平均）を過ぎた後では、この骨のカルシウム抜けを予防するために大いに歩く必要があります。もちろん食事でカルシウムだけでなく、肉や魚、卵や牛乳、豆類のたんぱく質をとってください。骨が作られていくときにはたんぱく質が必要になるのですから。

骨のためには、同じ歩くにしても少し荷物をかついだ方がよいのです。骨に垂直の力を加えることが有効だという意味で、体重以外に荷物が少しあった方がよいのです。昔なら孫を背負っているくらいの重さでよいのですが、今ごろはねんねこばんてんで背負っている人を見かけなくなってきました。街でなら、買物に出かけたら、手にぶらさげないで、小さなリュックサックにでも入れて背負った方がよいのです。ゲートボール場へでかけるときにも、リュックに用具を入れてかついでいってください。からだのために勇気を出して実行してほしいと思います。おばあちゃんへの六〇歳誕生日のプレゼントは、かわいい真赤なリュックにされたらいかがでしょうか。

指導一口メモ―②

運動は褐色《かっしょく》脂肪《しぼう》を活発化して、脂肪を燃やす

食べ物として摂《と》り入れた脂肪は、分解されて、小腸の膜を通過し、再び脂肪の形をとる。その脂肪は取り込まれて、いったんは部屋（脂肪細胞）におさめられてしまう。その部屋は二つの種類がある。

一つは、脂肪を部屋の中にどんどん取り込んで、大きく風船のようにふくらむ白い色のもので、もう一つは取り込んだ脂肪をそこの部屋でどんどん燃やす褐色のものである。運動は、脂肪を燃やす炉《ろ》の働きをする褐色の部屋（褐色脂肪細胞）を元気づけ、効率よく燃やす役目をしていることが最近わかってきた。

4 大きな口を開けて、ローソクの火が消せるか

吸いこんだら、腹をふくらませよ

誕生日の祝いのケーキの上に、年齢の数だけのローソクを並べ、それをいっきに吹き消すことがよく行われています。みなさんも自分の歳の数のローソクを一度の息で吹き消すことができましたか。深呼吸をし、肺にためた空気を、すぼめた口から火に向かって勢いよく吐きだして、みごとにローソクの火を消していることでしょう。その元気な様子をご両親や、おじいさんおばあさんが目を細めながら見ておられるのではないでしょうか。

それでも、いっきに全部吹き消すことはなかなかむつかしく、もう一息ついてから二回目でやっと消したということもあるでしょう。ゆるゆると息を吐き出したのではいっこうに消えてくれませんし、あまり強く吐き出したのでは、二、三本のローソクならいいのですが、残りが消えてくれなくて何度も息をつぐことになるでしょう。ローソクが消えて、芯からけむりが立

ち昇り、鼻にろうのかおりをかいだでしょう。
息を吸ったり吐いたりできるのは息の出入りしている肺が風船のようになっているからです。風船は押さえると、中の空気が出ていき、風船の壁を外へ押し広げると、中へ空気が入ってきます。その押したり、広げたりしているのは、肺ではなくて、肺を囲んでいる筋肉です。胸と腹の境に横隔膜という筋肉があります。この筋肉で風船の肺を下から押し上げます。そして、肋骨《ろっこつ》を下へ動かして胸を上から内側へ押しつけます。すると肺の中にある息は外に押し出されていきます。反対に空気を肺の中に入れるときには、横隔膜を押し下げて肺をふくらまし、肋骨を上に引きあげて、肺をふくらませます。すると、空気が肺に入ってくるわけです。肺はこ

のように風船のような状態でまわりの力で中に空気を入れたり、出したりしています。その量は、静かにしているときには、横隔膜による影響力が大きくなりますし、運動時には肋骨の上げ下げによって肺に出入りする空気の量に大きな影響を与えます。

したがって、空気を吸い込んだときには、横隔膜が下がりますから、おなかは大きくふくれることになります。吐き出したときには、反対におなかはへこんでしまうのが自然です。一度、寝た姿勢でてのひらをおなかに重ね、大きく深呼吸をしてみてください。吸ったときに、おなかがふくれていますか。これは自分の意志でコントロールできますから、反対にしようと思えばできます。吸い込んだときにへこませたり、吐き出したときにふくらませたりすることもできるわけです。そんな反対の動作がくせになってしまっている人が、小学生や中学生には多いものです。また、六〇歳近くになってから反対に変わってきた人もいます。肺気腫《はいきしゅ》という病気になる人の中には呼吸のしかたが、吸っているのに腹がへこむというように、反対だった人が多いのです。からだの仕組みからいって、吸いこんだときにはおなかを大きくふくらませましょう。

呼吸のしかたが正しければ、口を大きく開いて一本のローソクの火を消してみてください。誕生日のローソクを消すときのように、口をすぼめてはいけません。大きく口をあけて「ハッ」

といっきに息を吐き出します。ローソクがなければマッチの軸に燃え移った火でもいいと思います。口を大きく開いていますから、なにか頼りない気持ちになると思いますが、横隔膜と肋骨を動かす筋肉（内外肋間筋という名前の筋肉）がいっきに動いて息を多量に吐き出しているのです。皆さんの多くはいっきに吹き消せたことでしょう。失敗をした人は、口とマッチが離れすぎたのかもしれません。もう一度試みてください。六〇歳をこえたり、鉱山や石を削ったりする場所で働いたりしている人は、月に一度はテストしてみましょう。これは、日常生活の中でできるよい肺の検査法です。

スポーツの練習のときには、肺へ出入りする空気の量が、すわっているときの三倍にも四倍にもなります。それがスムーズにできるためには反対の呼吸法ではうまくいかないのです。走るのが不得意だと思っている人は、一度、呼吸の仕方を調べてください。

反対になっていたら、毎日、五分間、手を腹の上に組んで訓練してみて下さい。三カ月もすればスポーツの練習にもきっと楽になっていることでしょう。

5 第二の脳は指、第三の脳は舌耳鼻目

感覚重視の社会がやってくる

机の上に置かれた縫い針を親指（拇指《ぼし》という）とたかたか指（中指《ちゅうし》という）でつまめますか。靴ひもをちょうちょうに結べますか。エプロンのひもを腰のうしろで結べますか。こんなことのできない人が増えてきました。いったい、どうしてでしょうか。

私達の先祖は、何をするにも自分のからだを動かしてきました。特に指先を大変よく使っていたことがわかります。どうしてわかるのかといいますと、私達の脳の中で細かく分れている小さな部屋（中枢という）の働きを調べてみますと、指先の動きをつかさどる部屋のしめる割合が大変大きいからなのです。いろいろな働く動作をみても、指を使わない動作は少ないといえます。食料になる物を採ったり、つかまえたり、あるいは料理をしたり、食べたりすることを思いだしてください。指先が大変重要な働きをしています。

みなさんが働くときのことを考えてみても、手で荷物を持って運んだり、田畑を耕して種をまいたり、水をやったり、そのいずれの動作にも、指先が微妙な役割をしていることに気がつくことでしょう。

この動作は指先だけの動きと考えがちですが、実際は見えない脳と指の連係プレーなのです。指先が動くということは、脳の中に動かすプログラムが用意されていることなのです。プログラムがたくさんつくられているところが、脳の中でも大きな体積をしめるようになってきました。その分布や容量を調べてみると、私達の先祖がどのような動作を多くしてきたかがわかるのです。先祖は、指の動きを細かくできるように発達させてきたのです。ところが、われわれの生きている近代の社会は、技術を発達させて指の代用品を作る方向に進んできました。その例をみてみましょう。

弓矢で動物をいとめたり、もりでつきさしていたのを、鉄砲を用いて動物を倒すようになりました。鉄砲でうつには、ほんの指先を動かすだけでよくなりました。それまでは、全身をふりしぼって捕らえていた動作を、指だけの動作にしてしまったわけです。肉を切るにも、機械が切るようになりましたし、田畑を耕すのも耕運機のようなものが作られ、道路の工事にもショベルカーが登場しました。工業化をおしすすめた近代社会は次々と道具や機械を作り、全身を使ったり、主に手を使ったりしていた人間の作業の機会を奪っていったわけです。そうなると大脳の中に指先を動かすプログラムが十分に作られません。動作はすべて繰り返し行なわれることで、初めて再現可能なプログラムが作られるのです。

その結果、日本人は指先が器用に動くといわれてきたのに、少しずつ、不器用になってきたようです。その現象は日本人だけでなく、同じ土地で長く生活を営んできた民族であれば、だれでも指先が器用だったのです。ところが、生活が変化してきたことによって、「不器用化」が進んできました。でもそれは、指先を使わなくなった結果という意味ですから、使うようにさえすれば、元にもどすことは簡単です。それには、ひもを使って結んだり、ほどいたり、皮をむいたり、けずったりすればよいことなのです。しかし、社会はその方向とは逆にすすんでいきました。

さらに進んだ技術は、ヒトの感覚能力を代理させることにしました。温度を感じるものや、音を感じるものを作って、代わりをさせ、人間はしだいにその機械が受けた感覚をじっと見守るような仕事に変わってきました。さらに脳の役割も、コンピューターが発達するにつれて代理を務めるようになってきています。このまま続いていきますと、今まで脳の中で大きな部分を占めていた手先の部分や目や耳の部分がしだいに小さくなっていくことでしょう。と、いっても一〇〇年や二〇〇年ではすぐには起こってこないのですが。やはりこれからは、脳の代わりをする機械や道具が増えてくることは、確かな方向のように思います。

そうなりますと、私達は何を発達させたらいいのでしょうか。脳の中でどの部分をよく発達させていけばいいのでしょうか。私は判断をする部分が人によっていろいろに発達してゆくのではないかと思えるのです。また、特に美しさを感じるところだとか、喜びを感じるところといった脳の部分（中枢）が発達していくように思います。現在、芸術の分野に入れているものを感じとる脳の部分がしだいに大きくなっていくことでしょう。

スポーツもその内の一つで、からだの美しさや動作の美しさ、からだを動かしたときの喜び、そういった感覚的な刺激の部分が多くなり、スポーツも絵も音楽も演劇も伝統の芸能も盛んになってくることでしょう。そして、その際にも指先は使われますが、その指先の大脳の部分と感覚、感情の情感の部分とのつながりが大変こまやかになっていくと思います。

このようにこれから私達がつくろうとしている社会の中に生きていると、きっと脳の発達するところが少しずつ変わっていくように思われます。どこを、どのように発達させるのかは、われわれにまかされているのです。あなたはどこの中枢を発達させようと思いますか。

指導一口メモ―③

遊ぶ子は脳が重い

脳細胞の数と枝が伸びて量が著しく増えるのは、三歳から五歳の間である。その間によく運動させると、脳を造っている神経と神経との連結が非常に密になることがわかっている。脳の重さや神経と神経の結びつきを知るために、実験用ネズミを使って調べてみると、くるくる回して遊べる回転かごやブランコのようなものでよく遊んだネズミは、遊ばせなかったネズミよりは、脳の重さも重たいし、神経と神経の結びつきが複雑になっていることがわかってきた。

脳の重いのは知識型知能が高いらしいし、神経と神経の結び目が密なほど（これは脳重量と関係はない）、思考型・判断型知能が高くなるらしい。

⑥「運動神経がないから」と心配するけれど

運動神経はプログラムを作って動かせる

時々こんなことをたずねられることがあります。

「わたしには運動神経がなかったので、子供も親に似て運神がないようです。子供にはどうしてやったらよいのでしょうか。」

あるいはまた、指導者が「きみは運動神経がにぶいなあ」などといっているのを聞いたりします。

その意味は運動があまり上手でない場合に使っているようです。ドッジボールがパスされてきても、たいがいは受けそこなったり、野球をしておれば、打たれたボールをトンネルしてしまう。そんな彼を運動神経がにぶいといってしまったりします。また、練習を繰り返しているのに、いつまでたっても上手にならないと「わたしには運動神経がないんだわ」と、自らあき

らめてしまう場合にも使っています。
運動神経というのは、からだの中にだれでも持っている神経の名前です。野球のボールを取ろうとして、グラブをはめた手を伸ばせるのも、運動神経が正常に働いているからです。ただ、手の伸ばし方が足らず、少し届かなかっただけです。
手を伸ばす動作には次のような手順が必要です。大脳の中で運動を専門とする部屋（運動中枢）から「手を伸ばせ」という指令を運動神経に伝えます。その指令（インパルス）が運動神経を伝わって手の筋肉まで届くと、筋肉が縮んだり伸びたりして、手を伸ばしてボールをつかまえようとする動作になるのです。このように大脳と運動神経と筋肉はいつも連係プレーをしています。

もし運動神経のない人がこの世にいるとすれば、自分の意志による運動はできません。字が書けたり、歩けたりできるのは、大脳、運動神経、筋肉が実にうまく働いているからです。だから運動神経はだれでも持っているのです。

運動神経を持っているにもかかわらず、そして、それが正常に働いているにもかかわらず、フライのボールを落としたり、ころがってきたゴロのボールをトンネルするのはどうしてでしょうか。少し分析して考えてみましょう。

ボールがどの地点に落ちてくるかを見定めるのは、目の働きと目からの情報を受けて、判断する部屋（中枢）のある大脳です。目からボールの飛んでくる方向、速さなどの情報を入れて大脳に送り、判断をして運動の部屋（中枢）から運動神経を伝わって命令を出し、足の筋肉を動かして、落下地点へ移動します。そして、手を伸ばせば、ボールがつかまえられる所であれば、グラブの中に入るように空間に手を差しのべます。そして、それがボールの位置と一致しておれば、キャッチできるわけです。

このように目から入った情報で判断をし、その位置に手を持っていくという連係の運動には、どうしても失敗から成功へという学習が必要になります。だれも最初からうまくできません。

ボールの出しているいる情報を受けとっていないのです。ボールをキャッチするためには、ボールを見ている目からとぎれなく情報を入れて、もう少し右だとか、もう少し上だとか、調節をします。

最初の内は失敗をしますが、しだいにボールの動きをみて、受けとれる情報が多くなってきます。失敗した例を少しずつ修正していっているわけです。これが練習です。そしてついにはキャッチできるようになるのです。

受けとる情報はボールだけからではありません。風の強さや風向きがボールの落下地点に影響を与えます。打つ直前の打者のフォームも有力な情報です。わざわざライト打ちをしようとする打者はフォームを少し変えています。変えなくても、無意識に決まったしぐさをしています。それを逆に利用して、フェイントをかける人もいます。バットを長く持ったり、短く持ったりすることは、皆さんもどんな情報かを知っているでしょう。

これらの情報は知覚神経という神経を伝わって大脳へ集められます。集積された情報はある量がたまったとき、突然に法則化されて、打者のくせやしぐさを見つけます。そうなると、ボールが打たれる前から予測の行動がとれるわけです。修正を繰り返した予測がしだいに当たるようになってくると、初めての打者でも、今までの経験からの法則で、予測が立てられるようになります。繰り返し練習することによって、粗い予測から細かい予測へ高まっていきます。

このように学習によって予測を誤ることがなくなり、手をボールが飛んでくる空間の位置に正確に持っていくことができるようになるのです。

私の趣味は山登りです。若いころはよく長野県の穂高や富山県の剣岳に、岩登りにでかけました。先輩達に岩登りの「こつ」を教えてもらいながら繰り返し登っていると、手と足の感覚がしだいに平地の道を歩いているときの状態に近くなってきて、見えない所の様子も、自然とそこがどのような状態になっているのかが、わかるようになってきます。これなども脳の中で数多く学習したことによって、新しい場面でも、運動神経を通して筋肉が働くようになってきたものなのです。

スポーツの指導者やスポーツマンは、運動神経をきたえるとよくいいますが、その意味は、運動が無意識に近い状態でできるようになるまで練習するということでしょう。これを読んでくださった方はゆめゆめ「運動神経がない」などとは、いってもらいたくないものです。

からだのつくり（ハードウエア）は生まれたときから、だれでも持っているものです。運動神経はそのひとつです。大脳もそうですし、筋肉もハードウエアのひとつです。このハードウエアである目、大脳、運動神経や筋肉を動かすのには、プログラムが必要です。そのプログラムがソフトウエアなのです。これは無数にあり、一つとして同じものはないといってもよいのです。スポーツの動作も練習することによって、一つ一つソフトを作ってからだに覚えこませることです。筋肉を使って運動するためには、どうしてもハードウエアである運動神経を通らなくてはならないわけです。いわば道路の働きをしているわけです。

運動神経の中を走る電気（インパルス）の速さは一秒間に六〇から八〇メートルほどで、個人差はあまりありません。個人差があるのは脳の中のプログラムの質と量なのです。指導者はどのようなプログラムを、どのような順番に、どのような方法で与えたらよいかを工夫しています。それが指導者による特色になっているわけです。

7　ベンチで待っている間に、頭の調整

選手交替の準備はよいか

運動会のシーズンがやってきました。対抗リレーの競争では熱中したことでしょう。手が痛くなるほど応援をしたことでしょう。流れるようなバトンの受け渡しがされると、見ていて気持ちがいいものです。リレーで一番興奮するのは、次に走る人へバトンが渡されているのに、バトンが停まる瞬間がないようにみえたときと、追い抜いていくときです。それはバトンの受け渡しのときに順位が変わりがちだからでしょう。皆さんの運動会でも、バトンの受け渡しをするリレーゾーンで順位が変わったりしませんでしたか。

バトンを受けようとする人は後ろを振り向いて、走ってくる人の速度に合わせて走り始め、同じスピードになったところでバトンをうまく引きつごうとしています。中には少し早くスタートしてしまって、停まってしまっている人がいます。かと思うと、倒れ込むように入ってき

た人からバトンを受けとろうとしてもらいそこねている人もいます。走り出すタイミングが遅く、走ってきた人につきあたるようにしながら、いったんバトンを受けとったようにみえたけれど、二、三歩進んだところでせっかくもらったバトンを落としてしまう人もいます。いつもながらのリレー風景です。

　しかしながら、リレーゾーンでじっと動かないでバトンをもらおうとする人はだれもいません。それなのに選手交替のできるスポーツでは、じっと停止してバトンをもらおうとする人がいるというのは、おかしいですね。つまり、野球などでベンチで選手交替を待っている人は、いつでも交替のできるように準備をしていなくてはなりません。その準備とはベンチでじっとすわっていてゲームを目で追っていることでしょうか。

そんなことではバトンを受けるのにじっと待っていて、バトンを受けとってからスタートして走り出すようなものです。スムースに選手交替をするためには準備中に走り出していなければいけないわけです。筋肉はいつでも伸び縮みができるように、刺激を受けさせておかなければなりませんし、酸素がからだに十分入るために、吸い込んだ空気が肺のすみずみにまで行きわたるようにしていなければなりません。

何より大事なのは、頭の状態をよくしておくことです。スポーツのように一つとして同じ場面のない状態の連続では、頭をよく働くようにしておかなくてはなりません。頭の状態はじっとすわっているときより、身体を動かしているときの方がよいことがわかっています。頭が活発に動いていますし、動作も素早くなっていますし、判断もまちがえません。そうならば、選手交替で待っているときというのは、ベンチですわって待つよりも、コートの近くで身体を動かしていなくてはなりません。それがバトンをもらうときに走り出しながらバトンをもらう状態なのです。監督から突然に名前を呼ばれることになっても、いつでも選手交替ができるように、頭と筋肉の準備をしておきましょう。

指導一口メモ―④

スポーツ愛好家は足を洗って、水虫を防ごう

水虫はカビで起こる。そのカビにはたくさんの種類がある。水虫はなかなか手ごわいカビで、かかってしまうと、すぐには治りにくい。汗でしめった靴を長時間はいているスポーツ愛好家や選手は、どうしても水虫になりやすい。

ただ水虫は、そう簡単にはうつらないので、うつらないために運動後には、手足をいつもきれいに洗い、乾いたタオルでよく拭《ふ》き、乾かすように習慣づけたいものだ。

⑧ 身長の伸びが止まると、初潮が始まる

スポーツレディは初潮が遅い

Aさんからこんな相談を受けました。Aさんは、今、中学三年生です。

「同級生のほとんどが初潮を迎えているのに、私にはまだこないのです。母は婦人科に行ってみようかといってくれますが、まだその気にならないのです。どうしたらよいでしょうか。」

Aさんは中学校でバレーボール部に入っていて、週三回の練習をしたり、試合に出たりしています。

背が高く、特に脚が長く、ほっそりとしたからだつきです。

女性の場合、小学校の五、六年生から中学生にかけて初潮がやってきます(最近は、初潮のことを「初経」と呼ぶようになってきていますが、この本の性格から「初潮」としておきます)。これは女性としてのからだの働きの一つが、そろそろ本格化しはじめたという印です。初

潮は、はっきりとした現象ですから、そのときから何か前とは違うようなからだになったというふうに感じるかもしれませんが、からだの上ではずーっと連続的に続いてきて、あるレベルを超えたことを示しただけです。

初潮が起こるためには、からだの中にある卵巣がよく働かなくてはなりません。これも少しずつ働いて、ある量に達したときに初めて月経が起こるわけです。働くということは、ホルモンがでることです。初潮が起こるためには、卵巣からホルモンが出てこなくてはなりません。このホルモンは、成長をうながすホルモンが出ている間はあまり活発ではありません。分泌の量がすくないのです。身長は小学生時代から毎年ぐんぐん伸びますが、その伸び方が年に一〇センチも伸びる年があると、もうそろそろ伸びが止まりますよということを示しています。

一年間に一〇センチ以上も伸びた年があれば、そろそろ成長をうながすホルモンよりも、卵巣から出る性のホルモンの方が優勢になってくることを示しています。そろそろ交替をする時期にさしかかってきたのです。

ところがスポーツを好んでする人は、身長が他の人より高くなり、そのために少し初潮が遅れることがあります。遅れるといってもせいぜい二、三年ぐらいですから、あまり気にしなくてもよいのですが。かえって「身長が伸びていいわ」程度に考えておいてください。初潮は早い人で小学校四年生ぐらいから、遅い人で高校一年生ぐらいの間に起こってくればいいのです。スポーツをしている人が遅れるといっても、もちろんその範囲に入ります。このように少し身長が遅くまで伸びているために、初潮が遅くなることがあっても心配はいらないという話です。

もし、高校の二年生の夏が過ぎても、そして、身長が一年間に一〇センチも伸びた年が二年前にあって、その後はほとんど伸びていない人で、初潮がこないのなら、婦人科の先生に相談してみてください。

指導一口メモ―⑤

出発のピストル音には耳栓《みみせん》を

耳で音が聞こえるためには、音波が鼓膜《こまく》を振動させなくてはならない。その振動は、次にかたつむり管の中にあるリンパ液を振動させる。その液の振動を感じとるのが、細い五ミクロンぐらいの毛である。ところが、その毛が大きな音で時切れることがある。

たとえば、運動会では煙硝《えんしょう》を使ったピストルでスタートをしているが、あのスターターはピストル音がした後、しばらくは何も聞こえず、ワーンという音がいつまでも聞こえている。このような状態のときには、その毛が少し切れたわけだ。こんなことを繰り返していると、年をとったときに耳鳴りに悩まされることが多い。この現象は、ピストルの音だけではなく、大きな音を出す音楽やオートバイの爆音なども同じだ。スターターには、耳栓をすることをすすめたい。運動会のときでも、授業のときであっても。

9 「中高年初スポーツ」という新語の意味は

関節、腱《けん》、靱帯《じんたい》をならすのに三カ月

以前、有名な女優さんが四〇歳を越えた年齢で、初めての出産をしたというニュースを聞きました。その女優さんは「高齢者出産なのでいろいろと心配していたけれど、特別なこともなく、無事生まれてうれしかった」と話していました。お産をするのに、どうして心配していたのでしょうか。

それは、初めてお産をするのに三〇歳を越えていると、なにかといろいろな問題が起きてくることが知られているからです。それについて私の恩師の松永勝先生（大学教授から現在は産科・婦人科医院を開業）にたずねましたら、次のようなことを話してくださいました。

「三〇歳以上になって初めての出産をむかえることを高年初産といって、妊娠中から十分に注意することにしています。なぜかというと、二〇歳代に比べると、異常や障害が生じやすい

状態にあるのです。もちろん、全部が全部、異常を示すということではなくて、その可能性をもった状態だから、注意をして経過を見守るようにしています。」

「なぜ異常の起こりやすい状態になっているのですか。」

「三〇代に入ると、成人病をつくり出す条件が少しずつからだの中に作られてくる人が多くなってくるからです。成人病の条件といえば、高血圧、動脈硬化、肥満などがまず起こってきます。そして、将来、脳出血、心臓の病気とすすんでいく予告です。その中で、高血圧は妊娠という状態でより悪化を起こしやすいのです。高血圧気味の人は妊娠中毒症に注意しておかなくてはなりません。

また、分娩《ぶんべん》の際に、赤ちゃんの通り道である子宮や膣《ちつ》などが十分伸びきらない場合の多いのも三〇歳以降です。子宮の筋肉の弾力性が落ちてくることから、陣痛が弱くなってきます。しかし、筋肉の伸びが悪くなってきても、帝王切開などのいろいろな方法をとることによって、あまり心配せずにお産ができるようになりました。その他の障害も妊娠進行の中に経過がみられる診察を受けることで心配することもなくなります。このように、初めてのお産が三〇歳、四〇歳になると、筋肉の軟らかさがおとろえてくることから、いろいろなことが発生する可能性をもっているのです。けれども、検査と管理で心配がずいぶん少なくなりました。」

「運動の方にも同じことがあります。中高年になって糖尿病がでてきたので、医師から何か運動を勧められます。そのときに、いきなりスポーツをはじめると、関節を痛めやすいのです。これも同じ理由でしょうか。」

「年齢と日ごろから動かないために、腱や靱帯がかたくなっていて、伸びにくいのですね。」

「若いときに、なんでもいいからスポーツを練習していると、再び開始したときに割に早くスポーツのできる関節になるのですが、今まで一つもしたことがない人が、急にスポーツを始めると、靱帯を痛めたり、もっとひどくなると、アキレス腱を切ったりしています。それで、スポーツを始める前に、まず、靱帯や筋肉と腱を使えるように生きかえらせておくことが大切になります。中年になれば、三カ月はかかると思って、まずは、スポーツを始める前に、三カ月間トレーニング場に通って、準備をしてくださいとすすめています。」

「ケガだけではなくて、スポーツ障害にもよいのでしょうね。」

「テニスがブームだというと、翌日からテニス・ラケットを握って、素振りを始め、すぐにボールを打ち始める人がいるのですが、その中には、三カ月もすれば、肘が痛くなる人がでてくるのです。これなども、テニスは三カ月がまんして、その三カ月間に腕の屈伸に使う筋肉とフットワークの筋肉、さらに呼吸器や心臓、血管をトレーニングしておけば、まずテニス肘は出てこないのです。」

「それで、高年初産にもじって、中高年初スポーツといって注意を呼びかけているのですね。」

「中高年者になって初めてスポーツをする人には、高年初産にみられるものは、全部あるように思っています。子宮や膣の産道の筋肉に対するものは、手足の運動筋と腱です。これがかたくなり、伸びが悪くなってきます。アキレス腱がどうしても切れやすくなってくるのです。」

「高年初産で起こりやすいことを知っておいてのぞめばよいのと同じで、中高年初スポーツもからだの方の準備をし、ゆっくりと時間をかけていけば、いいわけだね。」

私は恩師の松永先生の前で、口頭試問を受ける学生のような気分から、ようやく解放されて、話題を阿川弘之の小説に変えていきました。

II スポーツと健康

10 肩こりを知らない人が行なっている運動は

リラックス運動のすすめ

イギリスにいたときの話です。日本の歌を所望されて「さくら　さくら」を歌いました。もちろん、日本語で歌ったのです。どういう意味かとたずねられて、簡単に説明しました。チェリーブロッサムという花はイギリス人の間ではあんがい知られています。そのうちに、パーティがすすんで、二曲目を所望されたときに「かあさん、お肩をたたきましょう」という歌詞のある歌にしましたが、この説明が大変むつかしかったのです。

おかあさんが仕事をして、肩をこらせ、肩が疲れたので、トントンと子供がこぶしでたたいています。それは疲れをほぐすためです。こういう意味のことを説明するのですが、肩こりと

いうのを、肩の筋肉がかたくなるとか、肩が痛む、肩が持ち上るように感じるなど、いろいろに表現してみました。しかしながら、腹痛のようには、向こうの人には理解してもらえなかったようです。

肩こりというのは、肩にある筋肉が緊張を続けたために、血液循環が異常になったのだともいえるのですが、そうとなれば、ヨーロッパの人だって、肩をこらせている人がいるはずです。それなのに、それを表現するいいことばがないのだとしますと、彼らはその変調を感じにくいのかもしれません。それに比べて、われわれには起こしやすい動作のくせがあって、しかも異常を感じる感覚が鋭いのかもしれません。あるいは、ヨーロッパの人が困ったときや、わからなかったときに肩をきゅっと上げて、手を広げるような動作をしますが、その動作があんがい効果があるのかもしれません。というのは、上げた後には、肩をストンと落としますが、それがちょうどリラックスの動作になっているからです。ともあれ肩こりというのがその筋肉に血液が十分に行き渡らず、流れ方も少ないことが原因であるとしますと、その肩には、筋肉の緊張をゆるめてリラックスさせてやる必要があるようです。

そのリラックスを身につけるには、スポーツがよい教材となります。スポーツは、ほとんどの場合、緊張と解緊の組み合わせでできていますから、緊張の比率が高くなってくると、肩こりも起きやすくなってきます。

気の抜けない仕事をしたというときなど肩をこらせたりしますが、そんなときでも肩の力を抜いてリラックスする瞬間が必要なのです。肩を上げるときは、緊張して、下ろすときはリラックスすることが大切でしょう。それを身につけることは体育で学習する内容の中でも最も大切なものだと考えています。

指導一口メモ――⑥

筋肉のひび割れはアミノ酸が治す

運動は筋肉の収縮によって行なわれている。したがって運動により筋肉に細かなひび割れを起こすことになる。そのひび割れは白血球がみつけ出し、そこをアミノ酸で修理する。軽いひび割れは年齢×一時間で治す。しかし、試合のように激しい運動ではひび割れも大きくなり、治るのに四八時間から七二時間かかるようになる。同時に、修理材料のアミノ酸も大量に必要になる。

アミノ酸の中でも分岐鎖アミノ酸であるロイシン、イソロイシン、バリンの三種類とアルギニン、グルタミン酸を合わせて、五つのアミノ酸がひび割れを治すのに主として働いている。

この五種類が多く含まれている食品――魚ではアジの開き、イカナゴの佃煮、イワシの味りん干し、かつお、さんま、たらこ、肉やハム、豆腐、チーズ、卵はいかが。

11 ライオンは腰痛《ようつう》と痔《じ》にならない

動物歩きのすすめ

私の友人に、お酒の出る会の余興になると、ライオンのまねをして歩く人がいました。のっしのっしと部屋を歩いて、終わりにひとほえして、みんなの拍手をうけて自分の席にもどるのでした。私達は彼の姿をみて、ある洋画の映画会社のタイトルや、ある百貨店の店頭におかれたブロンズ像とイメージをだぶらせていました。もちろん、彼のニックネームは『ライオン』です。

学生時分はライオンでしたが、卒業してからは変えていました。勤めはじめて、一〇年たって会ったときには、同級生たちは、かつてのライオンを見たがりましたが、彼は新作発表といって、サルを演じました。歩き方はそっくりで、ノミを取ったり、いろいろな動作をして、最後にキッキィとないて、われわれを笑わせました。「おい、ライオン、だんだん、人間に近づい

てきたナ」といって、ひやかしました。

卒業後二〇年の会は、このライオン君が海外駐在員になってアフリカに行っていて、一時帰国してきたときに時期を合わせて開きました。そのときにはチンパンジーの歩き方のまねをして、なにやらチンパンジー語（？）というあやし気なことばをわめいて、お腹をかかえさせてくれました。

彼がぜったいに自信があるというこのチンパンジー語で、明日は動物園のおりの前で、ことばによるコミュニケーションをするという計画にまで発展しました。その結果はどうであったかは、ライオン君のおごりで、昼食をたべたことでおわかりでしょう。まけおしみに「あのチンパンジーは日本に長くいすぎて、日本語をききすぎたために、チンパンジー語を忘れたにちがいない」というしまつでした。

その彼のもう一つの自慢は、痔の気が全くないということです。同じ運動部仲間の中でも同級生の中にも、学生時代から痔になやまされている者が多かったし、この二〇年の間に、手術をしたという者がいた程です。女性の同級生の中も出産を境に、痔の気が出たとなげいている人もいます。

野生のライオンには痔がないということです。どうしてライオンには、痔の気がないのでしょうか。ライオンの彼によると、「勝手な解釈だがね」といって、動物歩き、すなわち、四本足で歩くのがよいというわけです。ライオンの動作でも、サルになって歩く動作でも、チンパンジーがバナナをみつけて近づく動作でも、お尻を上げて四本足で歩いて見せるのですが、彼にかかるとみごとで、これは相当な練習を積んでいるに違いありません。ライオンに痔がないのは、お尻を上げることによって、肛門《こうもん》付近にたまっていた血液が分散して、痔にはなりにくいのでしょう。

それと、もうひとつ、彼は「腰痛など今まで一度も経験したことないよ」と自慢をしていました。四本足で歩く時間がそんなに長いとは思いませんが、あるいは四本足で歩くことが腰痛を予防しているのでしょう。それ以外に彼は自慢をしませんでしたが、ずいぶんと手が骨太に感じられました。サルやチンパンジーの動作をする中で、腕を出して曲げては力こぶを見せ、まわりににらみをきかすような動作が、何ともいえないおかしみをさそうのですが、その腕たるや若い時代の筋肉をそのままにもってきている姿でした。何より骨が太く、そして、そこに筋肉がついているという感じです。

卒業後三〇年を迎えた会には、彼は友人のすすめがあっても、どうしても動物歩きをしませんでした。私達はかえって彼の身体に痔が起こったり、腰痛が起こったり、あるいは手の骨が細くなるのではないかと心配したものです。というのは、いくつになっても動物歩きは必要なものですから。

彼の動物歩きは、実に自然なのです。普通、てのひらと膝《ひざ》を床につけて動物歩きをしますと、右手が前に出れば、同時に左膝が前にでるという動作になります。これは誰でもできます。次に、てのひらは床につけて、膝は床からあげて、足の裏を床につけて、お尻を高くあげて歩こうとしますと、右手が前に出れば、右足も前に出るという歩き方になってしまう人が多いものです。その動物歩きばかりではなく、右手を前、左足を前という歩き方もぜひ、試みてほしいものなのです。それが簡単にできれば、神経支配のスポーツの技能も高いと思っていいでしょう。明日からの準備運動に加えてください。

動物歩きはわずかな時間でどこででもできます。心臓よりも顔が下にくるものですから、顔に充血をきたしたりします。そのように血液の分布が変わっても、からだの反射によって調節する能力を身につけ、めまいなどを起こしにくくなるものです。いくつになっても動物である私達には四本足歩きは必要なことなのです。

指導一口メモ—⑦

あったかくなったお昼にジョギング

日曜日にジョギングを楽しむ人は多い。朝の割合早い時刻に走っている人もいる。これが春、夏、秋ならいいが、冬は十分注意してほしいものである。暖かい寝具をはねのけて、冷たいジョギングウェアを着、少し寒いがこれが体力づくりになると思いながら、寒い外に飛び出していけば、どうしても血圧は上がってしまう。血圧の高い人には、けっしてすすめられないし、ましてや心臓が弱いといわれたり、狭心症や心《しん》筋梗塞《きんこうそく》を起こしかかった人はやめた方がいい。走る時には、日が昇ってあったかくなってから、まず歩いて、そして走り出すのが健康ジョギング法である。

寒い時には、マスクをつけることや冬山登山に使うような帽子をかぶって首まきをし、冷たい空気が直接肌に当たらないようにすることが大切である。時おり、中年の人には、心臓の動脈がけいれんをする痛み(狭心痛)が起こることがあるからである。

12 ウエストだけを細くする運動がないかしら

脂肪《しぼう》を燃やせるからだを造れ

中年になってくると、からだのあちこちに脂肪がつき始めます。食べた物はよく吸収されるようになってきます。そして、使われなかったエネルギー源はすべて脂肪に変えて貯えています。これは五万年前からの私達のからだの特性なのです。

脂肪はからだの中でも、たまりやすいところがあります。一番つごうのよいのは、関節の部分でしわが寄っているところです。たとえば、首などは、脂肪のつきやすい最もよいところです。首は上を向いたり、下を向いたり、右にひねったり、左に向けたりするわけですから、皮膚《ひふ》が引っぱられてもいいように、たるみをもたせてあります。そういうところは、脂肪が制限なくついてきますから、太った人は首に三本の首輪をはめているようにみえます。

脂肪は、ある程度はあった方がいいのです。脂肪を一般に悪くいいがちですが、使える脂肪ならば、いくらあってもよいといってもいいくらいです。ところが使えない脂肪は、いくらもっていても困りものです。なぜ困るかといいますと、血管をかたくさせる悪い働きをします。ですから、脂肪を使い、そのあとに新しい脂肪を貯えるのがよいのです。

それでは、脂肪が燃えるにはどうしたらいいのでしょうか。まずエネルギーの使い方を見てみましょう。

運動を始める最初のエネルギー源となるものは、筋肉の中に貯えておいた物質です。それはそうたくさんありませんから、すぐになくなってしまいます。すると、その筋肉のところへ血管が伸びてきていますから、その中を流れる血液から燃料をもらうことになります。血液の中には、いつも糖分が、ある一定量含まれています。そこからエネルギー源を供給してもらって筋肉は動いています（「『苦しい』が『楽だ』に変わるとき」一三八頁参照）。

血液の糖分が下がってきたらどうなるでしょうか。そうすると倉庫からエネルギー源を血液に流し込んで補うようになります。一番大きな倉庫が肝臓です。といってもそれにも限度がありますから、肝臓のストックも使い果たしてくると、いよいよ脂肪の出番です。

脂肪はからだのあちこちにあり、特に皮膚の下に貯えられています。その脂肪を使ってくれるとよいのですが、エネルギー源として脂肪が使われるようになるまでには、ある程度の時間

が必要なのです。ですから、脂肪が燃えだすまでは運動を続ける必要があるのです。しかし、スポーツを始めた初心者のころには、エネルギー源の種類を次々にバトンタッチすることがうまくできません。そのために、脂肪をよく燃やすまでいかない間に、その運動をやめたくなってしまいます。そのように初心者のあいだは十分に脂肪を燃やすところまで運動が続けられなくなるものですから、せっかく脂肪というよい燃料をからだに持っていても十分に運動で使っていないわけです。時間的がんばり力である持久性の必要な運動は、糖分を燃やすだけでは続けられなくて、どうしても脂肪を燃やさないと、がんばれないのです。

スポーツを始めて一年たち、二年たち、三年すんでしまいますと、ようやく脂肪がはっきりと燃え始めることがわかってきました。石の上にも三年とはよくいったものです。ところが、この三年というのは、大学生で測った値でした。三〇代の人は四年かかりましたし、四〇代の人は五年かかりました。五〇代の人は六年たっても、まだ脂肪がしっかりとは燃えない人がいます。

ところが、五〇代にもかかわらず、一年で脂肪がよく燃えるからだになった人がいました。これはまちがいではないか、と測定のデータを検討したり、もう一度来てもらって運動中に吐いた息を分析して計算してみましたが、まちがいありません。

理由はまもなくわかりました。その方は高校生のころに駅伝の選手もしたことのある人でした。しかし、高校卒業後はぜんぜん運動をしておらず、最近少しこえ始めたので運動をしようと決心されたそうです。そして、一年で脂肪のよく燃えるからだになったのです。その方は、一年で高校生のときにつけておいた能力をからだに回復させたというわけです。高校時代に走っていて、今はすっかりごぶさたをしているという方を、何人か探して測定をしてみた結果、やはり運動を再開しはじめて、一、二年たてば、かつて身につけていた能力を回復させられることがわかってきました。中学生や高校生時代に身につけたものは一生の宝になるのでしょう。

そのようにして燃え出した脂肪は、ウエストだけの脂肪を燃やすわけにはいきません。全般的に少しずつ減少していきます。これも急激にとろうとしてはいけないものです。少しずつその変化をみていくことが大切です。

指導一口メモ—⑧

眠気さましにジョギングを

眠いことがある。特にすわっていると、眠くて眠くて、たまらないときがあるものだ。大学生が講義中に寝てしまっているのを、起こすことはむつかしい。しかし、話をしている先生はなぜ眠くないのか。まず、黒板の前を行ったり、来たり歩き回っているからである。そして、自分で積極的に話をして、顔の筋肉をよく動かしているからである。

学生を眠らせないためには、歩かせ、そして話させるのがよいのであるが、そうもいかないとすれば、教室から出してジョギングでもさせたらいかがなものであろうか。

教授だって、試験監督になれば、眠たくなるのである。

13

食べなかったら死ぬが、運動しなくなったら死ぬか

⚾成人病を遅らせるからだの運動⚾

いったい人が食べずに生きていける限度は、何日ぐらいだろうかという問題を調べた人がいます。それによると水さえあれば一〇日でも二〇日でも生きておれるようです。比叡山《ひえいざん》の延暦《えんりゃく》寺《じ》の修行の中には、そのような断食をして、しかも、毎日三〇キロメートルも四〇キロメートルも歩くのがあるそうです。しかし、それは訓練をした僧だからできる話で、普通の人は、食べなくて一〇日もすれば、ただ生きているというだけのことで、活発に活動したりできるわけではありません。もし活発に動いて日常生活をしておれば、だんだん動けなくなってくるでしょう。そして最後は死んでしまうだろうということは、みなさんも想像できると思います。現に北アルプスの西穂高で遭難した男女がいて、一〇日ぶりで発見されましたが、助けを求めて歩きまわった男の人は死亡し、ケガで動けず、じっと救助隊がくるのを待っていた女の人は助

かったという事例があります。

ところで、運動しなくて死んだというのは聞いたことがありますか。運動していて死んだということは、テレビや新聞でそんなニュースを見たり読んだりしたことがあると思いますが、何日もじっとしていて死んだというのは、あまり聞いたことがないと思います。それでは運動しなくて死ぬということは本当にないのでしょうか。

現代に生きているわれわれが、何が原因で死ぬかということは、ほぼ予測されています。それは三分の二の人が成人病とまとめてよばれる病気で死ぬということです。成人病という病気があるわけではありません。がんだとか、脳の中で血管が破れて出血する病気の脳出血とか、心臓の筋肉の中を走っている血管がつまって、血液が流れにくくなる心筋梗塞《しんきんこうそく》とか、成人になって起こりやすい病気をまとめて成人病とよんでいます。その成人病で三分の二の人が死んでしまうわけです。

この成人病が予防できたらいいですね。完全に予防することは無理でも、成人病が顔を出してくるのを、遅らすことはできないものでしょうか。遅らせることとからだを動かすこととは関係ないのでしょうか。

成人病になって死んだ人を調べてみますと、動脈の血管がかたくなっている人が多いのです。

血管のやわらかさが失われてきますと、破れやすくなりますし、つまりやすくなってきます。動脈硬化が進む原因に偏食や肥満や糖尿病があります。

成人病でなくなった人は高血圧だったという人も多いのです。心臓から血液を送り出すときに、「さあ、行ってこい」と送り出してくれた力が血圧ですが、その圧力をしだいに高くしないと全身に血液が送れないものですから、高い血圧になってしまった人々です。あまり血圧が高くなってくると、血液を流している血管がもちません。弱かったり、やわらかさがなくなってきた血管がついに破れてしまうのです。そのために死んでしまうことがあります。

血圧の高い人はこえている人、塩からい食物の好きな人、腎臓の悪い人、動脈がかたい人に多いのです。

このようにみてきますと、成人病になりやすい人々には、共通な点として、肥満している人、動脈硬化を起こしている人、高血圧になっている人の三つのタイプがうかびあがります。

この肥満、動脈硬化、高血圧と運動の関係をみてみましょう。

からだを動かせば、エネルギーを使います。そのエネルギーはからだの中のを使うわけですから、体重が少し減ります。でも肥満の原因は脂肪ですから脂肪が減ってくれなくては肥満の度合を少なくすることができないわけです。からだを動かしても脂肪は燃えないのでしょうか。運動で脂肪が燃えるためには、五分以上続ける運動をすることと、三年以上運動を続けることです。それによって脂肪が燃える体質を造ることです(「ウエストだけを細くする運動がないかしら」六八頁参照)。

いくら運動してエネルギーを使っても、それ以上に食べたのでは、いつまでたっても脂肪がとれません。それどころか脂肪がさらに増えてしまいます。三食を時間をほぼ決めて食べ、間食、夜食を減らし、汗をかく運動をすることが大切です。

体重は減るのがよいといっても一カ月に二キログラムも三キログラムも減ったのでは、急激すぎます。急激に減ったものは、同じようにもどりやすいものです。一年間に五キログラム程度をゆっくりと減らしていきます。

次に、動脈の血管が硬化するのは、血管の中を流れている血液に含まれているコレステロールの働きです。このコレステロールはからだを造ったり、動かしたりする原料で、重要な働きをしています。ですから、少ないほどよいというわけではないのです。多すぎるのが悪いのです。

コレステロールにも比重によって、種類をわけることができます。よい働きをするのは、高い比重のコレステロールＨＤＬ（Ｈは高い、Ｄは比重、Ｌはリポタンパクで、ＨＤＬと略して呼ばれます）です。わるい働きをするのは、低い比重のコレステロールＬＤＬ（Ｌは低い）です。比重の高いコレステロールが多くなれば、動脈硬化も進まないのです。

多くするにはどうしたらよいのでしょうか。

それには運動が一番なのです。

運動は血管に対してよい働きをする高い比重のコレステロールＨＤＬを血液の中に増加させてくれています。すると、相対的に低い比重のコレステロールＬＤＬが少なくなるということで、動脈によい影響を与えるのです。

最後は、高血圧です。私達のからだはいつもいろいろなストレスに対して、それに反応しながら、それに適応しようとしています。寒くなれば熱を奪われないために、皮膚近くを流れている血液の量を少なくします。血圧が高くなれば低くしようと努力します。運動している間は、筋肉が多くの血液を使うものですから、血液も多く送ってもらいます。その他の理由も重なって、運動中は血圧が高い状態にあります。運動を休んだり、やめたりしますと、今度は高くなっていた血圧を低くしようと働きます。つまり、運動ストレスが加わると血圧を上げるように働き、運動ストレスがなくなると、血圧を下げて平常な血圧になるように働くのです。上昇した血圧を平常の血圧になるまで下げるというからだの働きが、活発になることが重要なのです。回復させようという働きが活発ならば安静時の血圧は上がらないのです。いったん高くなってしまった血圧を運動で下げることはむつかしいのですが、いくつになっても普通の血圧に保つためには運動が一番よいのです。

以上、肥満、動脈硬化、高血圧と運動との関係を話しましたが、これで成人病の中の脳出血と心筋梗塞とが運動と大変関係が深いことがわかっていただけたと思います。脳出血や心筋梗塞は、肥満の人に多く起こります。高血圧になった人もよくこの病気になります。動脈が硬くなってしまった状態も成人病になりやすいのです。

肥満の人は運動で汗を流して、少しでもやせようとしています。運動が最も効果があるのは、肥満でない人が運動していることによって肥満にはならないように予防する役目です。運動は脂肪をよく燃やしてくれます。すると肥満体からしだいにスリムになってきます。高血圧も同様で、血圧が正常なときから運動を始めて、歳をとっても高くならないようにすることができます。さらに動脈硬化にもよい影響を与えています。

もし食べなかったら、発生させるエネルギー源がなくなってきて死んでしまいますが、運動しなかったならば、成人病になるのが早くなって、それで死んでしまう傾向にあるようです。動脈がかたくなること、血圧が高くなること、肥満になることを運動で少しでも遅らせて、五〇歳くらいで死んでしまわないように、二〇年から四〇年かけて、将来のためにからだを少しでも動かす習慣をつけましょう。成人病は習慣病なんですから。

指導一口メモ――⑨

虫歯のある優勝選手はいない

多くの人が一度は虫歯になり、そして、治療している。虫歯をもっていると、筋肉に力が入りにくくなる。くいしばれないためである。スポーツ愛好家に虫歯は禁物である。

虫歯にならない一番いい方法は物を食べたらすぐにみがくことだ。歯と歯の間が特に食べ物が入りやすく、みがきにくいので、そこはデンタル・フロスと呼ばれる絹糸でみがくとよい。絹糸は指で張ってもよいが、私は歯科の加来正幸先生推奨のY字形糸かけを愛用している。

何はともあれ、外で食事をしても手洗いで胸ポケットに入れた歯ブラシで歯をみがくことである。スポーツクラブの健康診断にも歯科を忘れずに加えるとよい。

スポーツマンはゆめゆめ虫歯になってはならない。

14 新型流行病の異常発生

それは運動不足病

「近年、新型の病気がはやっているのを知っていますか。いくつでも病名をいってみて下さい。」

「エイズ。」

「これは確かに最近まで知られていなかった病気です。治療のむつかしい病気です。他にありませんか。……

ヒントを一つ出しましょう。治すのに医師のところへ行く必要がありません。自分でその気になれば直せるのです。その気になるかどうかです。」

「……」

「答えて欲しかったのは運動不足病です。聞いたことがなさそうですね。それでは説明しま

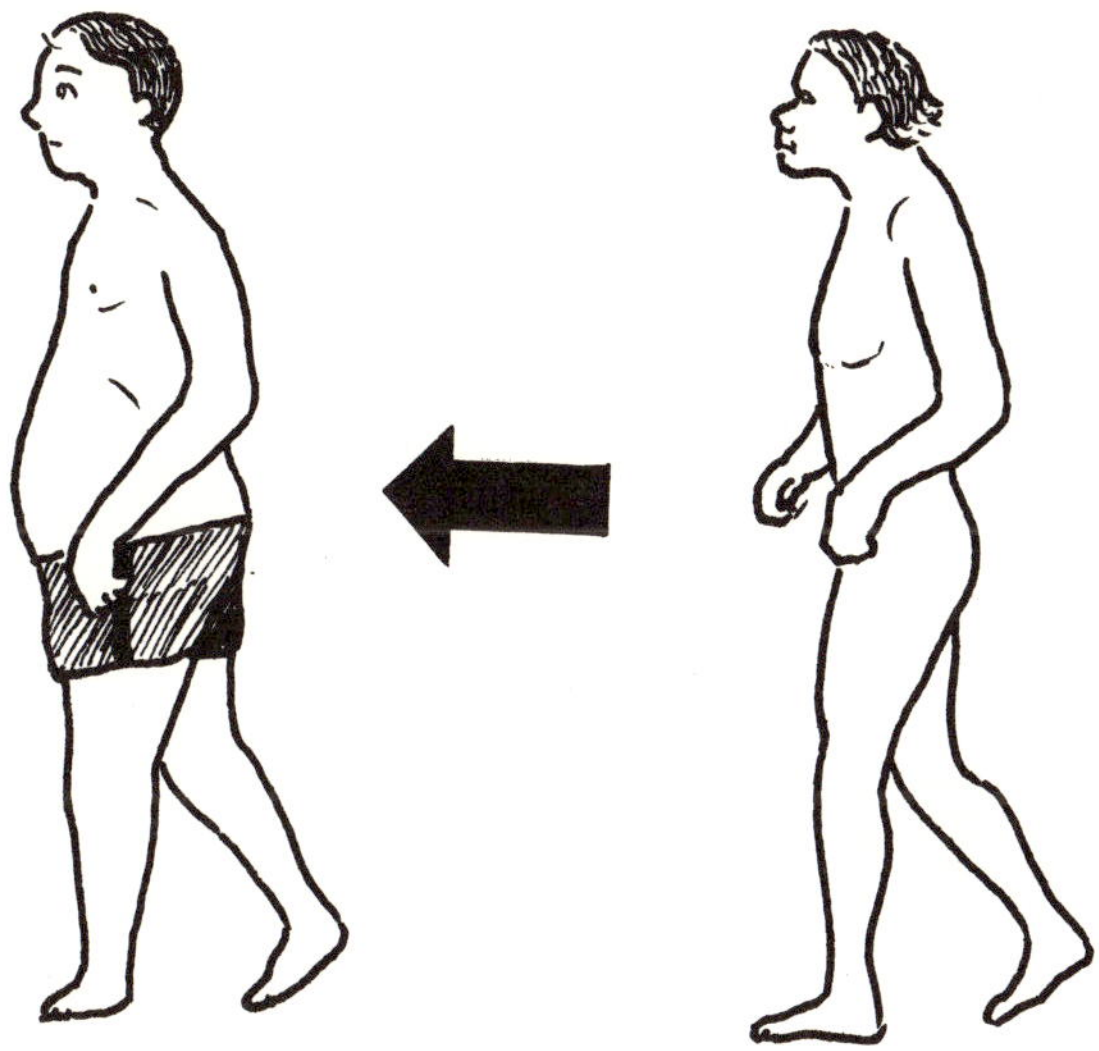

しょう。」
私達のからだは五万年前に生きていた人とあまり変わりません。五万年前の人達は今のように食料が豊富ではありませんから、食べ物探しに動き回っていたにちがいありません。それに合わせるように、私達の筋肉は発達し、心臓は今の形を取り、遠くのものもよく見えるようになりました。ところが人類の文化は次々と変化をし、今はからだの筋肉のエネルギーをたくさん使って働くことが少なくなり、肥満が増えてきていることはみなさんのまわりをみてもわかるでしょう。しかし、肥満があまり目立たない国の人々もいます。
最近、中華人民共和国の雲南省の山奥に出かけたが、そこでは肥満している人をほとんどみかけませんでした。それはまだまだ肉体労働が行なわれているからだと思われます。農作業をみても、道路工事をみても、ほとんどは人の力で掘ったり運んだりしています。食事を十分にとっていても、それにみあうだけ筋肉を使うことによってエネルギーを消費しているのでしょう。そのため、肥満の人がみあたらないのだと思います。しかし、中華人民共和国の近代化はまもなく山の奥まで浸透することでしょうから、そうなれば肉体労働から機械労働に変わっていくことでしょう。そして、きっと肥満の人が現われて、街を歩いていても容易にみられるようになるのでしょうね。

近代の技術を創《つく》り出したり、導入したりした国は、いずれも、からだへの影響を忘れてしまったために筋肉の運動不足におちいり、肥満が多くなっています。しかし、現代の人が五万年前の人のように生活をしようと思っても、それは無理な話です。世の中は五万年前とはすっかり変わっているわけですから。だけれども、からだは五万年前の人とまったく同じときていますから、どうしても当時と同じ刺激をからだに与えてやる必要があります。そうでないと、いろいろなからだの障害が起こってきます。たとえば、心臓が十分使われないために心臓血管(冠状動脈《かんじょうどうみゃく》)がつまったりして、死んでしまうこともみられるようになりました。それを防ぐためにからだに運動を意図的に与える必要がでてきたわけです。

運動不足になっているのは、人々ばかりではありません。にわとりはケージの中で飼われて、動かなくなっていますし、牛や豚も体重を重くするために運動不足にさせています。そういった不自然な状態で飼育されていても、平気でおれる感覚を身につけてしまいました。親は、子供達がじっと机の前にすわりこんでいるのが、望ましい状態だと思うようになってきました。先生は、動きまわらない子が落ち着いた子と評価しがちです。

人は知恵をもって、からだの筋肉収縮不足、心臓の拍動不足の状態から抜け出さなくてはなりません。それにはまず、運動不足病を流行《はや》らせないために、休憩時間には立ち上がって部屋から出て、からだを動かすということが大事ですし、本や書類を見るばかりでなく、遠くの空や山を見る機会を持つ必要があるようです。

運動不足は新しい病気をつくり出し、医師はそれを指摘してくれます。その病気を治すには、あなた自身がその気になって生活するかどうかです。正しい認識を強い意志で実行することが、この病気の最もよい治療法なのですから。そんな理由から自分の体重をコントロールできないようでは、リーダーになれないといわれるようになってきたのです。昔の社長さんは、でっぷり太っていて、軟らかいイスに腰かけて、というイメージで絵に描かれていました。今は、スポーツをするスリムな姿が中心です。運動不足病という新型流行病にはかかりたくないものです。

15 子供を車で送り迎えをしていると

親心がつぶしている、子供のからだと気持ち

あるとき、こんな場面に出くわして驚いたことがあります。通勤途上でたまたま幼稚園の前を通りかかったときのことです。正門の前の道路に車がずらりと並び、そこからかわいい幼稚園児が手なれた動作でドアをあけて出てくるところです。ママに「さようなら」と手を振って、門の所で待っている先生へ一気に駆け寄っていきます。先生もお母さんと目を合わせて軽い会釈をし、勢いよく走ってきた子供のからだを受けとめています。車は一台や二台ではありませんでした。ずらりと並んでいるのです。しかも、広い場所をとる車がめだちます。

またあるときに小学校の前を通りました。雨の日で私は雨カッパをかぶって自転車に乗っていました。ちょうど登校の時刻で、傘とカッパと雨靴の一年生もいますし、たまり水を雨靴で踏みつけて、水のとばしあいをしたり、かけあいをしている二年生もいます。校門の前は混雑

しています。ランドセルをぬらさないように、カッパを大きくかぶっているものですから、後ろから見ると、カッパが歩いているようです。そこへ水たまりをはねながら、大きな車が横づけにされ、歩いている生徒はあわててよけながら通学しています。車からは、やはり元気のよさそうな子供が傘をさすのもまどろっこしげに、五、六メートル先の校門をめざして駆けていきます。レイン・コートも雨靴もみられません。そんな車が一台、二台と横づけられてスムーズに離れていっています。どの車も手なれたものです。

雨の降っていない日は、そんな光景もあまり見かけないようですが、雨となると急に多くなるようです。中学校になると、さすがにそういったことは見られませんでしたが、修学旅行で朝早く学校に集合することになったときには重い荷物のせいでしょうか、日ごろは自転車で通っている生徒も、その日ばかりは親が送ってきたようすです。もっとも朝が早いために、バスの便が悪く、それで車で送った人もいたのでしょうが、日ごろから自転車で通っている生徒まで親が送ってくるのには、いささか考えさせられました。

このような例は、あちこちで起こっています。大学の入学試験に親の付き添いが多く、大学側はどこかに休憩室を用意しなければならなくなりましたし、会社の入社試験にまで親が付き添ってきたという話があるくらいです。

ここにあげた幼稚園や小学校、中学校の例の場合は、「子供がかわいそうだ」という親とすれば普通の気持ちから、「かわいそうだから、車で送ってやろう」という行動となってあらわれたのでしょう。幼児の場合、歩いていけば交通事故が心配だから、車で送り迎えをするといっても、全部が全部そのような道路事情ではないでしょう。祖母と孫でしょうか、手をつないで歩いてくる人もいますし、母親が自転車に乗せてくる人もいます。その形はいろいろです。遠方ばかりでなく、近い幼稚園に通園する場合にも、スクールバスが一般的になってきました。最近は、スクールバスが迎えにこない幼稚園には、入園者がいないのだそうです。幼いときから、歩かない習慣をつくっているわけです。

小学生になれば、雨さえ降ってなければ歩いて登校している児童を、雨が降ったというだけで、ぬれてはかわいそうだ、という大人の気持ちから、車に乗せて校門前へということになるのでしょうか。確かに、わずかな距離を歩いても、足はびしょびしょになり、靴下もぬれたままで一日をすごすことは、気持ちが悪いのにちがいありません。傘を振りまわして、雨が顔にたれてきているのは、いい気持ちではないかもしれませんが、傘がうまく使えるためにはそんな時期も必要なことでしょう。

中学生になってからも、それ以降でも、親なら、こんなときにはこうするという基準で、子供の行動をみた場合、毎日通学している学校でさえも、「かわいそうだ。車で送ってやろう」という形になってしまうのでしょう。自分達の生徒のころはそんなことをしてもらったことはないはずです。しかし、子供達にはそんな思いをさせたくないという気持ちが起こってくるのでしょう。あるいはまた、他の子供と同じようにしてやりたいという気持ちも混じっているのかもしれません。

親が苦労したことを子供にはさせたくないという人もいますが、それはまちがいのように思います。子供が親の苦労もなにもかも、あたかも自分で経験したように、引き継いでいくことはできないのです。財産ならばそのまま引き継いでいけます。しかし、親が苦労することによって身につけた知恵や、苦労やみじめな思いをして唇をかんでいる間に考えたことは、そっくり引き継げないのです。引き継がせようとするには、同じような経験をさせ、その場にあって、自分の頭で考えさせる以外にはないのです。子供に親と同じ苦労はさせたくないという考えは、子供の成長をわざわざひ弱にしようとする方法です。

幼稚園には歩いて行かせましょう。雨の日はレイン・コートを着せたり、傘をさして、手をつないで泥道も歩いてみましょう。忙しいときには自転車もいいでしょうし、たまに車で送ってやることも悪くない場合もあります。しかし、毎日毎日、いつも車というのは、知らず知らずに子供のからだの発達を遅らせ、親が代わって何でもしてくれるものだと肌身で覚えさせ、無理をいっても聞いてくれる気持ちを育てています。子供は親達がしてきた苦労を繰り返すことによって、知恵となり、考え方ができあがって、しっかりと身につけるのだ、ということを忘れてはなりません。

どのような苦労をさせるのかは、あなたが決めることです。

指導一口メモ―⑩

水泳で水いぼがうつる

子供の皮膚病の中で水いぼが多い。中には、水泳を一年中している人にも案外多い。

これは外の人にもうつるので、指導者は、水いぼの子供の水泳をしばらく禁止しなくてはならない。

16 健康な人は、自己勝手流体操を作っている

〝気持ちのよくなる体操作りと、治療体操のすすめ〟

中国や台湾でこんな光景をみました。宿泊したホテルから、朝早く公園へ散歩に出かけていったときのことです。まだ、うすぐらいのに、人々が集まり、てんでんばらばらに体操をしています。ゆっくりとした動きです。太極拳《たいきょくけん》というのでしょうか。同じパターンのようにみえますが、人によってちがうようです。

二、三〇分も体操をしたら、家にもどったのでしょうか。それとも、勤め先に出かけたのでしょうか。姿が見えません。また別の人が陣取って手を動かしています。

太陽が昇るころになってくると、集団で列を組んで体操をしているグループが見られました。指導者もいて、ときどき動きを直しています。樹にゆわえられたスピーカーから、音楽が流れています。それに合わせている人もいます。

公園では数千人の人々が体操をしています。全部の人を数えたわけではありませんが、年齢は中年以上の人が多く、中には子供もいてバラエティーに富んでいます。

しばらく中国に滞在しているうちに、公園だけではなく、自宅の前の小道や街路樹が茂っている道路や中庭で体操をしている人もたくさんいます。ともかく、雨でも降っていなければ、朝、街の中を歩けばどこででもみられる風景です。

健康な人は健康について関心も高く、そして、健康に心がけている人は、たいがい自己流の体操を自分で作って持っています。「勝手に自分で作ったのですが」といったようないい方で「これをすると気持ちがいいので」とか「からだがよく動くので」ということと結びつけて、一人でする体操を持っておられるものです。

みなさんも今までにいろいろな体操を経験してきたと思います。その中で気持ちがいいと感じた動きを組み合わせれば、自然と自己流の体操になります。

背伸びが気持ちがいいように、からだを引き伸ばす運動（ストレッチ）も一つは加えておきましょう。引き伸ばすためにはその前にしゃがむ運動を入れます。筋肉を縮めて、そして引き伸ばすというように二つをセットにしますと、また気持ちがいい運動になるものです。集団でするときの体操のように、動作をキビキビとするのもいいのですが、一人でするときには、力を抜いてだらだらした体操が気持ちのいいことが多いものです。のんびりとした気分で、指先が少々伸びていなくても、膝が曲がっていても、やはり自分が気持ちがいいという点に基準をおいて、それを続けてみてください。

若いうちは気持ちがいいといったことがよくわからないことがありますが、三〇歳を過ぎてからは、このような体操を一つずつ見つけておいて、四〇歳ともなれば、ほぼ一連の自分勝手の、どこにもない自分用の体操ができているのがいいのです。

「四〇歳になれば顔に責任を持て」という人がいますが、われわれのからだについても調子がよくなる条件を体操でつくっておいたらどうでしょうか。それが自己流の体操で、他の人には当てはまらなくてもよいのです。手作りの体操が一番です。

自己流の体操の他に、治療体操があります。これは医療関係者が効果を確かめている体操です。

人間の一生の中で、治療体操をみてみましょう。

妊娠したならば「妊娠体操」。ラマーズ法が普及していますが、そのときにも呼吸法と共に体操が入っています。出産のためには、体操で骨盤の関節に刺激を与えておくことが、お産を軽くするのです。

お産がすめば「産後体操」。イギリスのバスの中に「産後も夫とうまくやるための体操教室」という広告がでていて「ヘエ」と思ったことでした。

赤ちゃんには「赤ちゃん体操」。

ぜんそく児のための「ぜんそく軽減体操」。「アレルギー体質改善体操」。

月経のときに腹痛があれば「ビリグ体操」。月経の前に不愉快な症状がみられるときも有効です。

このようにあげていくと、切りがありません。腰痛のように命にかかわらないもので、不快なものは、まずは体操がよいのです。一〇年かかってできた症状は一〇年かけて体質から直すつもりでいましょう。

なお、治療体操は指導者について正確に習いましょう。勝手流は効果がうすいものです。自作体操は勝手流に、治療体操は正確に。

指導一口メモ―⑪

やわらかいボールほど重症な目の打撲《だぼく》

球技のボールが目にあたっていろいろな障害を起こしやすい。野球のボール、サッカーボール、テニスのボールなど大きさもかたさも速さもいろいろである。直接強い球が目を襲ったときには、早く眼科の診断を受けるようにする。特にやわらかいテニスボールやソフトボールは、かたいボールよりも、かえって眼球を強く圧迫することが多い。

ボールの見かけとは違うので注意が必要だ。子供が大じょうぶといっても、眼科の受診をめんどうがってはいけない。

III スポーツと指導

17 模範が先か、解説が先か

ことばですべては語れない

私の友人に電話をして、最初の声から、すっかり友人とばかり思って話しはじめていますと、遠慮勝ちに、

「ちょっとお待ちください。父と代わります。」

と話の途中から、息子さんらしいことばが聞こえてくることがあります。自分では友人の声を聞きまちがえるはずはないと思っていたのに、完全にまちがえていたのです。電話の遠くで友人を呼ぶ声がしています。

「上の息子さんかね。」

とただすと、

「いや、下の子だ。中学三年になってね。」

私の記憶は、下の息子さんとは信州の山小屋で過ごしたときの、まだ小学生のところで止まったままになっています。その息子さんが、声ではすっかり大人になっていたのです。

皆さんもそんな経験をしたことがありませんか。

生まれたときから、ずっと父親の声を聞いているだけで、父親と同じような声になるのです。特別に父親の声をまねようとして、練習したわけではありません。それなのにすっかり父親似《に》になってしまっているのです。自分では意識していなくても、脳では学習しているのです。声ばかりでなく、しぐさなどもまねています。尊敬する先生やすてきな先輩だと、この無意識学習が一、二時間で行なわれてしまうことがあります。

遺伝もあると思うことでしょう。声帯が似るのではないかと。でも、ふたごの一人が父親の元で、もうひとりは養子にいき、家族と離れ離れになった例では、それぞれの父親似になったということです。遺伝よりも無意識学習の方がまさっていたのです。

スポーツの動作や運動の動きもまねから入ります。ですから、指導者も見本を見せたり、説明をしながら、実際にやってみせたりしますね。その結果、先生とそっくりの動きをすること

もよく見られます。
まねが大脳で固定されるのにはいろいろな方法があります。
先生が「ボールをけるときにはこうするんだよ」と、ボールを実際にけらないで、手振りや口で説明を先にして、それからボールをけるということをする方法と、もう一つは、実際にけるところを二、三度見せて、それからポイントだけを手短に説明して、そして、もう一度ボールをけって、実際の動作をするという二つの方法がよくとられています。どちらが脳の中に定着しやすいでしょうか。
これは年齢によって異なります。小学生までは、運動の見本や模範を先にした方が効果的です。ボールを受けとる動作を先生がまずしてみせます。そしてそのポイントになるところ、たとえば、手はボールの方へ迎えに出して、ボールといっしょにひっこめながら、からだの前で受けとる、といったような重要な点だけを説明して、「もう一度そこに注目して見ててごらん」と実際にボールをパスしてもらって受けます。それから実地に練習をさせてみせると、その技の習得が早く正確になるというわけです。

高校生になるとそれとは反対の方がよいのです。一連の動きを、いくつかに分析して説明をし、それから実際にこうするのだと見せるやり方の方が効果的です。運動の動作を口で全部説明ができたり、あるいは文章で書いたりすることはできません。どのように表現しても不完全なのが普通です。

このように言語では、ポイントや目のつける所をはっきりと浮き出させる役目はしますが、同時に進行する動作の全部を表現することは不可能でしょう。ところが、実際にしているのを繰り返し見ることは、トータルとして、動くイメージとして受けとることができますので、その方法ですと、細かな点や大まかな点が区別されないで全体のイメージとして頭の中には記憶されるのです。

一方、ことばによる表現は分析的に見たり、その動作のどの視点が重要なのかを示すよい方法です。動作を分析して、たとえば、ボールを受けとるような動作では、ボールが近づいてきたならば、そのボールの方につかまえる手を差しのべるという段階、次にボールと速度をそろえながらひっこめるという段階、というふうに動作を区分して指導すると、理解もしやすく、動作の正確さも高まってきます。

まとめてみると、小学生は、動作をトータルとしてとらえる能力が高く、高校生から上は、分析的にとらえる力が高いのです。

その間にはさまれた中学生は、移行期間にあたっており、その個人によってどちらかの力が高いという時期ですが、一般的には、中学の一、二年生は、トータルと着目すべき視点の指導法を行ない、三年生になれば、分析的にしたらよいのではないかと思います。このことに気づかせてくれたのは、土佐女子中学・高校でバレーボールを指導しておられる松山宏先生でした。先生の指導を見させてもらっていますと、口の説明と実技の順序が実に的確なのです。大脳生理学を上手に利用した練習法でしょう。

これは全体への指導ですが、個人指導では、その発達に応じてどちらかの方法をとればいいのです。それが毎日見ている指導者の強みです。他の人ではまねができないところです。

指導一口メモ—⑫

整理運動は忘れずに

整理運動はややもすると、軽視されがちである。ところが続けていた運動を急にやめると、頭から一気に血の気がぬけていくような気分になり、胸も気分的に悪くなることが一度でもあった人は、整理運動を欠かしてはならない。欠かすどころか、少し長い目にする方がよい。

それでも、もし、気分が悪くなれば、あお向けに寝て、足を少し高くするだけで、普通は治るものである。指導者も率先してクーリング・ダウンをしよう。

18 現代っ子は、自然と人工のミックス型

新「自然にかえれ」

日本の生活の中で、自然がしだいに失われていくことを大変心配している人達がいます。その人達は、かつて自分達が田んぼや畑や野原や山や川や海で遊び、小魚を捕り、土のにおいをかぎ、草で指を切り、夕焼けに染まりながら家に帰ったことを経験してきました。この人達が、現代のわが子達の生活の環境を見ると、とっくにそのようなものが失われているので、それをなんとも不幸なことのように考えています。

しかし、一方で、その自然の中で育った人達は、人工的な美しさや、それが持っている冷たさや非情さを少年時代には味わってきていないのです。その人工的なものにも特色がありますし、また、それは、まちがいなく現代の人間が作り上げてきたものなのですから、現代は人工的な産物すべてを否定しては成り立っていけません。

そうなりますと、現代っ子には、自然の中で経験し、感じ、考えることが、大切なことであると同時に、人工の中で科学的な推測を行なうことも、昔の人には経験できなかったちがった喜びといえるでしょう。

人工と自然との両方のミックスが現代っ子には必要ではないでしょうか。自然の中でいろいろな経験をする際にも、人工的なもの、人類が作ってきたものも、持ち物の中に加えることが大いに必要です。

ヨットで世界一周をしようとしたり、いかだで世界一周をしようとすれば、確かに自然の中に入っていけます。しかし、そこには今の社会が作ってきた無線機も必要でしょうし、あるいは、水を入れるポリタンクも必要でしょう。あるいは自分の位置を確かめる六分儀《ろくぶんぎ》やGPS（三個以上の衛星からの電波を受けて、位置を示す方式。カー・ナビゲーションなどに使われている）も必要だと思います。

このように自然と人工が混じり合っている環境が、現代の社会に生き、今までにない新しい社会を作ってくれる現代っ子には必要だと思います。われわれの想像を超えたできごと、力強さ、と同時にそれを知恵と技術で緩和していくことが望まれるわけです。自然は、まだまだ残っています。それを破壊しないようにすると同時に、その中に身を置き、経験をして、感性と鋭い感覚を育てることが大切です。

スポーツも、もともと自然的なものでした。野山の道を走ったり、村の間の原っぱや牧場を利用して、ボールをけりあったりしていたスポーツも、次第に正確な記録を取り、競争をするようになりました。そのために、場所も、形のさまざまに移り変わる自然の場から、いつでもどこでも同じ条件で比較のできる人工的な競技場に変わってきました。

時間の表示も六〇進法の何分何秒でよかったのが、秒の下に一〇進法で小数点一桁《けた》が書かれるようになり、さらに一〇〇分の一を比較するようになり、将来は一〇〇〇分の一のところも表示されることになるでしょう。それは全て人工的な機械や道具によって行なわれています。

今やわれわれの先祖達からの文明によって作り出された人工的なものを無視できなくなって

きました。無視するどころかそれを積極的に取り入れていく必要があるように思います。と同時に競技は、人工的な所でしても、練習はそのような人工的な所だけでなく、野山を駆け登ったり、駆け下りたり、プールで泳ぐだけでなく、海や川で泳ぐようなことを同時にミックスしていかなくてはならない時代にきていると思います。

あなたのスポーツ・クラブの練習でも、自然と人工の調和について考えてみてください。

19 おちこぼれが創《つく》り出した背面跳び

スポーツ技術は創造するもの

新しい文化は、いつも若い人達から生まれてきます。現在の小学生、中学生といった、まだ過去の文化を十分にとりいれていなくって、これからじょじょにそれを習得していこうという人達から生まれてきます。

サルの研究家の観察によると、いもを洗って食べ始めたのは、サルの集団の中でも子ザルと若いサルでした。子ザルが始めたいもを洗う行動が、しだいに大人ザルの方へ移行していったようです。いもを洗って食べることが進歩なのか、変化なのか、あるいはこれが文化的な行動なのかはすぐには判断できませんが、少なくとも生活に変化が起こってきて、その行動に対し、大人達である親ザルがまねをするという行動が観察されていることは興味深いことです。

われわれ人間の方も、いつも新しい試みは若者によって創られます。しかし、その若者の行動の多くが既成の文化の枠を越えているならば、大人からはそれを批判されがちです。もちろん若者のすべての行動が新しい文化とはいえないでしょうが、大人達に少しでも共感を呼ぶところがあれば、それは新しい文化として育っていく可能性があると思ってよいと思います。

走り高跳びの跳び方に背面跳びという跳び方があるのを知っているでしょう。仰向《あおむ》けになり背中を下に向けてバーの上を越えていく跳び方です。これは今までの跳び方からみれば、ずいぶん変わった跳び方でした。なぜそんな跳び方がでてきたのでしょうか。

考えた人は、おちこぼれの人でした。先生から跳び方を教えてもらい、先輩達の跳び方をまねて練習していても、とうていその当時の世界記録をぬりかえたり、オリンピックに優勝できるような記録がだせないことがわかった人が、いろいろ工夫をし始めたのです。もう少し努力すれば、今の跳び方で世界記録が出せるのではないかといった人からは、そんな行動は起こりませんでした。当時、主流だったこの跳び方にはあわなくて、とうてい世界的水準には達しないとわかってあきらめた人のグループから、いろいろな工夫が始まりました。

練習に嫌気がさして、まわりでしている他のいろいろなスポーツを眺めていたことだと思います。そこで見たスポーツの動きを、走り高跳びに使えないかと次々に試みたと思います。イルカのダイビングをまねたかもしれません。あるいはまた、ノミの跳び方をまねようとしたか

もしれません。なにしろ、ノミは自分の体の長さの五〇倍から一〇〇倍も高く跳ねられるのですから。

じっとノミを目の高さにおいて、いつ跳ぶかわからないノミをにらんでいる人がいたのです。ノミの空中時間は、九〇センチもとぶわりにはわずかですから、まばたきも片目ずつして、目の表面（角膜）がかわかないようにしたことでしょう。

ノミが宙返り跳びをすることをみた人は、バーの上で宙返りをしたらどうかと考えたでしょう。しかし、昆虫学者のノミの本を読んで、筋肉だけでは、あれだけの力はでないことを知って、しばらくノミ式高跳びは、おあずけにしたことでしょう。

しかしながら、同じ人間がしている他のスポーツをみているうちに、背中をバーにむけるというまったく反対の方法を思いついたのです。それには体操競技の動作がきっかけになったのです。

あおむけ跳びでは、最初は、ほとんど跳べなかったことでしょう。前に練習していたベリー・ロール跳びよりはずっと低い高さしか跳べなかったにちがいありません。それをみていたコーチも、その新型跳びを「なにをしているんだ。そんなキバツなことをしてみてもだめだ。君は練習から逃げている。だれでも一流選手は苦しい練習から新しいことをみいだしているのだ。君は一つのことに集中する力と努力が足りんよ」などといって批判しなかったと見えます。あおむけ跳びは、助走をしていって、踏み切りながら体を回転させ、背中を下に向けて、あおむけになってバーを越すという跳び方です。この跳び方を繰り返して、少しずつ自分に合うように修正し、自分の長所を生かしていくうちに、だんだんと高く跳べるようになってきたことでしょう。毎日、毎日この踏み切りの方がいいのではないか、このような力の入れ方の方が少しでも高く跳べるのではないか、と回数を重ね、時間をかけたことでしょう。

そのような人がいく人もいたようです。そのなかから、ロール・オーバーよりも古い正面跳びをしていて、競技の途中から偶然のようにみえる背中向けの跳び方で、最初に記録を作ったのはアメリカ合衆国のフォスベリー選手で、彼はこの背面跳びで、ついにメキシコ・オリンピック（一九六八年）に出場して優勝をし、世界の人々を驚かします。その後、背面跳びで世界記録が作られるようになっていくのです。現在の世界記録もこの背面跳びで作られたものです。

ここで大切なのは、新しい創造的なものは、現在行なわれている文化との別れから始まるということです。今でも仲間と同じような跳び方で練習して、練習量さえ多くしていけば勝てるのだという考え方が中心です。しかし、みなと同じような方法ではとうていトップレベルには達しないというあきらめから、今行なわれている技術から別れて、新しい跳び方に変えていけば、今よりも高くとべることも起こるという考えもでてきました。その際、指導者が、そのアイデアと行動を現在の価値観の枠でしばらないことが大切です。

新しい跳び方を創り始めて失敗したとしても、その人の気持ちが治まればすむことです。だれにもめいわくをかけているわけではありません。そういったときには、じっとその試みのじゃまをしないで見てほしいものです。

多くの人が一センチでも高く跳ぼうとしている中で、一人ぽつんと別のことをし続けることは、たいそう孤独で、しかも強い意志と楽天的な考えも必要でしょう。それを大人達が走り高跳びはこうするのだ、と枠を決めてしまっては新しい創造的なものは生まれてこないといっていいでしょう。現在でも、走り高跳びはこうでなければならないという跳び方はないといっていいと思います。今の背面跳びの記録もあと一〇センチくらい伸びれば頭打ちになり、伸びなくなってきます。そのうちに世界のどこかで背面跳びに合わないおちこぼれの人達が、新しい走り高跳びのフォームを黙々と練習していることでしょう。そして、また世界をあっといわせるようなフォームで記録を伸ばしていくにちがいありません。私はその新しいフォームの一つは、助走に回転を加えたトビコミ式だと考えています。両足踏み切りになりやすい問題がありますが、きっと二五〇センチ台の記録は、この跳び方でつくられると考えています。だれかやってみませんか。スポーツは本来、創造することに喜びがあるのです。

20 生れて初めて、ゴルフ・ボールを打ってみれば

初体験のスポーツで、自分の運動技能のテストをしよう

私はスポーツが好きな方ですが、ゴルフだけはしたことがありませんでした。私のまわりにもゴルフの好きな人達がたくさんいましたが、どういうわけかゴルフをしてみようという気が起こりませんでした。広々とした所で、自然といっても、よく手入れされていて、なにか人工的な庭をおもわせます。そのようなプレイグランドで、しかもボールを打っては歩いて行くような運動は、お金の余裕もでき、歳をとって激しい運動ができなくなったころにはいいスポーツかと思いましたが、まだ若く元気なうちにはそれほど魅力を感じなかったのでしょう。

ところが四十五歳の夏、アメリカ合衆国の西海岸にあるオレゴン大学へ、日ごろから研究している成果を発表しに行きました。それが終わった後で、坂東栄三先生からゴルフを計画しておられることを聞きました。ゴルフ場がカスケード山脈のふもとにあると聞いて、山を見に行

きたいと思いました。山好きの私は、ゴルフをしている人達にくっついて、雪をかぶった山が見られることの魅力で連れて行ってもらうことにしました。

そのうちに、山もいいけれどゴルフもしてみたらどうかとすすめられました。そのゴルフ場のメンバーであるアメリカの人が「初めてだってけっこう楽しいよ」としきりにすすめてくれます。私はゴルフに対してある種の偏見をもっていることに気づいていましたから、ゴルフをしてみることによって、それを取りはらうことになるのではないかという気がしました。それにゴルフは危険ということもありません。けれども、練習もしないで、ゴルフ場でプレーをするということに、少しだけ抵抗を感じました。

日本でなら、たとえすすめられてもしなかったかもしれません。ゴルフを始めようとするならば、まず、指導者につくなり、ゴルフ教室にでも入って、基礎をみっちりやり、マナーも知り、本も読み、それから、一八ホールあるゴルフ場に連れていってもらうという順序をとったことでしょう。そのアメリカ人のスポーツに対する考えは「まず、楽しい思いをすることが最初で、あとから、基礎練習をやればよい」というのですから、それも経験だと思って、思い切ってメンバーにいれてもらうことにしました。その上に私にはちょっとしたもくろみがありました。

経験をするといっても、今までクラブを握ったこともなければ、あのようなボールを打ったこともありません。しかし、考えてみれば、野球はボールが動いてくるのを打つのですから、大変です。だいたいストライク・ゾーンにボールは投げられてくるといっても、生れて初めてならば、バットにボールをあてるのはなかなか困難です。しかもそのボールは速かったり、ゆっくりだったり高かったり低かったりするわけですから、ボールを打つなんてことは大変高度な技術です。

それに比べて、ゴルフ・ボールはティーという上に乗っかっていたり、芝の上に転がってじっとしているわけですから、それにあてれば何とか飛ぶはずです。私は車の中で初体験をしようとしているゴルフの動作をいろいろ考えていました。

まず、止まっているボールですから、肩を中心点にして、腕、手、握っているシャフトがまっすぐになって、円運動をすればボールを打つことができるだろう。円運動は、左肩関節を中心に、クラブの先端であるヘッドを半径にして、それを一定にして、そして、半円を描きながら振り降ろしてくれれば当たるはずだと考えました。中心点を肩の関節一つに固定して、しかも、その中心点をいかに動かさないようにするかに注意をすればいいという気がしたのです。円運動も腕とクラブがまっすぐに身体の前を通れば、打たれたボールの方向もほぼ決まるはずです。まあその程度のことを考えているうちにゴルフ場についてしまいました。

私は持ってきた登山用の靴をはいて、山の帽子をかぶり、ジャンパーを着てゴルフをすることにしました。すっかり山登りの姿です。ゴルフ道具はゴルフ場で借りました。坂東先生に最初に打つのはウッド、中間はアイアン、グリーンにあがったらパターと番号のついたのを三本選んでいただきました。ボールはそこの売店に売っていました。

そこはオレゴン州のゴルフ場でしたから、周りは山々が連なり、そこから流れ出る水量の多い川が見えました。私は、二、三の注意を受けた後、打つことになりました。みんなの中では一番最後に打ったのですが、私より前の人はどこにボールが落ちたのやらはっきりわからないぐらい遠くへ飛んでいます。私はといえば、力いっぱいに打ったのでは、中心点の左肩の関節が動いてしまう危険性が高いものですから、静かに振りおろしました。まずボールに当てることに専念しました。初打は二〇メートルほど飛びました。私にしたら上出来です。他の人はそれを見定めてコースの横をゆっくりと歩いて行きます。私は目の前に落ちているボールの所に歩いて行って、また打ちます。五メートルのときもあれば、三〇メートルも飛ぶときもありました。そんなふうにして打っていると、じょじょにボールのしんに当たるようになり、少しいい気分になっていくのが自分でもわかりました。

芝がきれいに刈られたグリーンというところにボールが上がって、いく度も打って、ボールが穴にすとんと落ち二、三回はずんでいる音がしています。それまでの打った回数を数えて記録表に記入をしました。ゴルフ場のまわりの山々はなだらかで、樹々が行儀よくならんでいます。動物もいそうです。一番目のホールから一八のホールを全部回り終えたときに、連れていってくれたアメリカ人の人はこんなふうにほめてくれました。「明男は、なかなか上手だよ。なぜなら、一度も空振りをしなかった。二つ目は、ともかく全部穴に入れたこと、最後は、ボールをなくさずに最初のボールで十八ホールを回ったこと、これはたいしたものだよ」と、よかった点をあげてくれました。悪いところはまわりの山ほどあるにちがいありませんが、一つもいわないのです。

私は以前にビリヤードを楽しんだことがありました。これは、勤め先の近くにあったものですから、ちょっとかじり始めた村山輝志氏とよくでかけたものです。このとき私は上手な技能をもつ指導者には習いませんでした。なぜなら、まずビリヤードには危険がありません。骨折をするとかねんざをするとかいった心配がありません。ただ正式に習わなければ技術的な進歩は遅いことでしょう。それは、十分に承知しています。

四つ玉というのを見よう見まねで始めましたが、玉がぴょこんと跳びはねる技はとうとうマスターできませんでしたし、それよりも何よりもボールを回転させて思う所に当て、その回転で弾き飛ばしたボールの行方を読むことがなかなかむつかしいものでした。自己流は、結局はうまくいかないものなのです。

しかし、私が楽しんだのは玉突きが純粋に物理的な力学に支配されているという点でした。たとえば、「入射角は反射角に等しい」という法則があります。これはボールを壁に当て、反射させるときに当てた壁の角度と向こうにはね返っていく角度が等しいということです。もちろんボールが回転していれば別ですが、まっすぐに素直に転がっていったボールはその原則にあてはまります。それができるようになれば、それでボールの動く方向を予測していけばよいのです。ここところこの壁に当てて、向こうのボールに当てるというのが読めてくるのです。スコアは確かに悪いのですが、そんなことよりも簡単な物理的な法則通りにボールを動かせることと、次に身体運動の法則の適用です。玉を突くまでは腕の力を抜いて、玉に当たるときだけ一瞬緊張して打ってしまえば、すぐに力を抜くというのがよいはずです。これが運動をするときのからだの法則だからです。これが玉突きの技術にあてはまるかどうか知らないのですが、私はその法則どおりにやってみました。それは自分が他のスポーツで身につけた身体運動の法則です。その法則がまったく新しいスポーツや運動にあてはまるかどうか、そのことを試したかったわけです。

同じようなことはボーリングでも経験しました。いまだかつて習ったことがありません。あれも自分で考えてできるスポーツです。早く上手になろうという人はちゃんと指導者について習った方がいいと思います。私だって危険なものはそうしています。

たとえば、スキーや登山というスポーツは大変危険です。倒れ方がまずければ骨折もしますし、ねんざもします。そのようなスポーツは指導者について教程どおり習うことが大切だと思います。しかし、ゴルフはそれほど危険ではありません。他のスポーツをしているとか、マナーを守ればそんなに危険ではないわけです。玉突きだってボーリングだって同じことです。そのようなスポーツはあまり人に習わないで、私が今までに楽しんできたラグビーとかいろいろなスポーツの中から得た身体運動の法則をそのままあてはめて、そして、その法則が普遍性があるかどうかを見るのによいスポーツのように思います。

そういう意味では、私はたぶんゴルフも上手にならないことでしょうし、オレゴンのプレー以来まだゴルフを始めようという気持ちが興ってきません。きっとまた何年かしたら連れていってもらって、身体運動の法則の「あてはめゴルフ」をふたたびやってみたいとは思っています。ゴルフは私の運動能力を知るテスト問題なのです。

21 できっこないと思えた宙返りが、全員成功したうらには

予想と実際とはおおちがい

こんな経験があります。最初に、「後方宙返りができる人がいますか」と聞きます。だれもできなければ、したこともありません。そのことをよく確認しておきます。

そして次に「一〇日間練習をしたら自分ができると思う人がいますか」とたずねます。そして全員が「できそうにない」「できるとは思えない」と予想していることを確認しておきます。

それから、後方宙返りの練習に入ります。四時間使って全員が補助つきで後方宙返りができるようにします。

後は黙っていても生徒は、頭で考えて「できない」といっていたことが、やってみたら「できてしまった」意味を考え始めます。「なんて頭で考えて予想したことは、不十分でたよりない」「考えてダメでもやってみることが大切だ」と。

最近の教育の方法は、頭の中の「できるようになるプロセス」に関連した中枢群を結びつけることを重要視していないように思うのです。多くの勉強は頭で考えて「すること」なのですが、その「するということ」が「できるということ」にまで高まっていないのがふつうです。ですから「できるということ」に対する自信は、多くの子供達が持っていません。そこで私はかつて最初に書いたような授業をしたことがありました。これは高校生の例ですが、他でも考え方はあてはめられると思います。

生徒が「とうてい自分にはできそうもない」と思っていることを探します。それを十分に確認しておいた後に、そのできそうもないことを段階的に指導をして「できる」ようにさせます。

そして、だれもできないと思っていたことが「自分でもできた。今でも信じられない」と思わせ、そこから後はかれら自身に考えさせるプロセスなのです。

具体的には、高校生に後方宙返りができるかどうか聞いてみました。すでに私には調べがついていて、中学や高校になって体操部に入っている人がいないクラスだということはわかっているのですが、みんなに後ろ向きに宙返りができるかどうかたずねてみます。そうするとだれもできると答えません。試みたことさえありません。そのことを全員に確認したあと、それではそれを今からの授業でできるようにするということを宣言します。生徒達は「そんなもの、できるものか」と最初から、あきらめの気持ちが行動にでています。しかし、きっとできるということを指導者が自信をもっていいきって、段階的な指導に入っていきます。生徒達はあまりに高い課題が示されたので、いつもならみせる「よしやってやろう」というチャレンジしようとする態度をみせません。私はそれを無視するように、始めます。

後方宙返りは、まず少しでも高く上がって、足を上にあげながら、からだを回転させなければなりませんから、高く跳び上がることから始まります。柔道の帯を使って両側に補助がつき、高く跳び上がることから始めます。両手はわきをこするように振り上げて、膝を曲げ、できるだけ高く跳び上がることを練習します。

両側に立つ二人の補助者は腰にまいてある柔道の帯を握って、跳ぶのに合わせて、さらに高く持ちあげます。跳び上がっている人は、意外に高く跳び上がるので風景が変わるのに気がつきます。

次の段階は、跳び上がる人の後ろに補助の一人が立ちます。両手で腰に巻いた柔道の帯を腰の外側で持って立ちます。宙返りの練習をする人は、ジャンプを二、三回したあと、跳び上がって背中を補助の人の肩の上にのせます。肩の上ではちょうど弓なりの姿になります。肩に背中で乗るのです。それができるようになれば、もうしめたものです。

三時間目は、回転に入ります。ロイター板（バネ板）を用意して、そこで踏み切って、背中に乗るという連動作を繰り返します。次に、二人が両側に立ち、片手で補助のベルトを持ち、跳び上がった人のおしりを補助の人がたたいて、回るのを助けてやりながら安全におろしてやります。練習の段階で回りきらないこともありますから、補助者はけっして手を離してはいけません。練習者はいつでも両手がつけるようにかまえておきます。これが最初の補助つきの後方宙返りです。

この三段階までは三時間もあればできますが、補助がまずいとけがをする可能性がありますので、必ず私が片方の補助をしていました。

しだいにバネのついたロイター板もいらなくなり、補助も安全のためにただ持っているだけだという形にまで練習をします。回ることに重点をおくと、跳び上がるのが不十分になります。補助は欠かせません。跳び上がるときにも後方宙返りをするときにも確かに二人の補助者が引き上げてくれて、ぐるっと回すことをしてくれたことがわかりますが、そのうちに、もうそれがなくてもできるような気分になってきます。しかし、万が一のために補助はいつもつけておきます。そして一人でき、二人できして全員できるようになったとき、私はそれをする前にみんなに聞いたときの「後方宙返りなんていくら練習したって自分なんかにはとうていできない」といっていた録音をきかせます。「できない」といっていたことが、三時間か四時間使ってやれば全員できるようになったわけです。それもみんなの目の前で自分が確認しているのです。

このときに生徒の精神に意識革命が起こるわけです。できないと思っていたことでも指導者の計画通りにすればできるのだ、という一面と、分析的、段階的に行えばできるようになるという自信です。ついこの前には、頭だけで考えていたならば、できないで終わっていたはずです。頭で考えて、できないと判断すれば、試みることもしなくなるのが普通です。それが「できないと思っていた」ことが「できる」ということに変わる体験をしたわけです。このことから頭で考えただけで判断したらいけないことを知ります。もちろんこの急ぎ足の指導のあと一月もたてばできなくなってしまいます。でも一度できるようになった経験の後は、頭の方も今はできなくなっているけれども、きちっと練習すればできるようになるのだと思うようになるにちがいありません。これが意識革命なのです。

その際に重要なのは、けっして短絡的に「やればできるんだ」「なせばなるんだ」というような精神論的な方向に進まないことです。はっきりと指導内容を意識させ、その内容に的確な方法をあてはめ、そして、それが多くの人に無理でない方法であることを確認させて、それから練習をしたわけです。ややもするとスポーツ界は「黙っておれについてこい」式の指導が多く、それも確かにできないものができるようになる一つの過程ですが、授業などでは、そのような名人芸よりも実際にできないと考えていたことができるようになる体験をさせることによって生徒達がその事実をどのように考えるのか、ということに重点を置いた方がよいと考えています。

なお、高校三年生に後方宙返りを教材に選択することには、現在では問題があります。趣旨をご理解ください。

22 進歩のとまったときが、躍進の始まり

丘の向こうに発展坂がある

私がよくおじゃまする恩師の息子さんは、当時、中学生でした。彼は中学生になるとすぐに、サッカー部に入りました。一年目はおもしろくてたまらない風でした。私が訪ねていったときにも、聞きもしないのにサッカー仲間の楽しい話だとか、新しい技術がようやくできるようになったとか、それはくわしく話してくれました。

二年生になると一年生のときほどには、サッカーの話をしてくれませんでしたので、私の方から水を向けますと、いろいろな悩みが出てきたようです。技術の進歩が止まってしまったようだといい、キャプテンが決めたポジションも気に入らないようでした。試合でも平凡なミスをするし、こんなことなら、もう、いっそのことサッカー部をやめたいとまで思っていたようです。

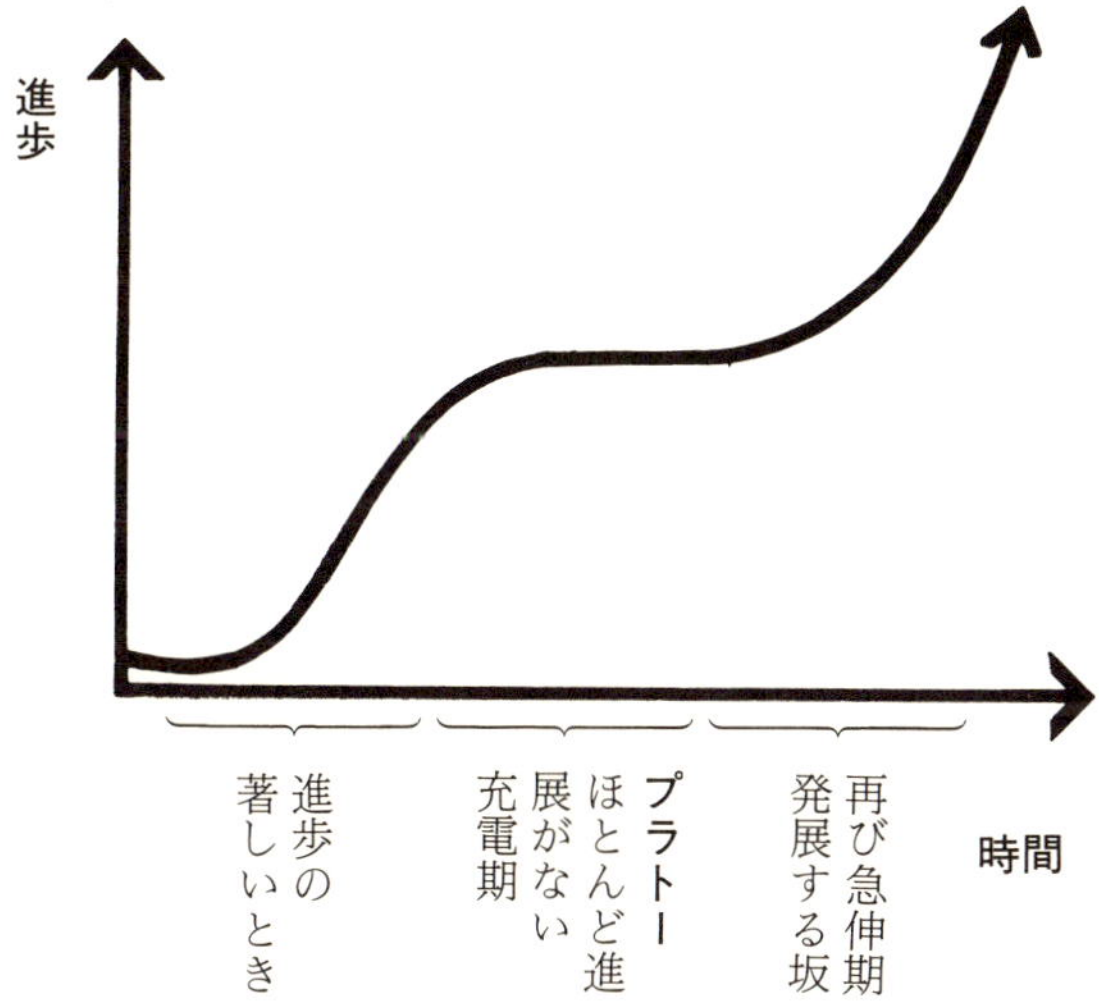

二年生時代はこんなつらい一年間だったようです。

しかしながら、三年生になると自分でも不思議に意欲がわいてきたといいます。ボールしか見えなかったのが、グランド全体がみえだし、二十二人の動きがとらえられるようになってきたといいます。攻撃のフォーメーションも、守りのパターンも、一つずつ練習で身につけてきて、それを試す練習試合が楽しみだったようです。

彼の三年生のときに、初めて県体で決勝戦にすすみ、そこで負けはしましたが、大いに満足したようでした。

体育のいろいろな運動でもスポーツの技でも、あるいはけいこ事でも、技の必要なものは、時間の進行に応じて、すべて次のようなひとつのパターンがみられます。それは、新しいことを始めた最初は、一日、一日と進歩が著しく、はっきりと自分でもその経過が自覚できます。これもできるようになった、あれもできるようになったと喜んで、早く次の練習がしたくなるものです。ところが、その時期が過ぎて、ひととおりのことができるようになると、しだいに進歩がとまり、これ以上の発展はないような気がしたり、進歩どころか、かえって前より落ちるような気がしたりしてきます。この期間はプラトーと呼ばれている状態で、なだらかな高低のない高原だと思ってください。

この時期は、気持ちの上で大変苦しく、足踏みをしている間に後輩達が追い越していくのではないかという不安すら覚えます。以前には、何気なくこなしていたことにもつまずいたり、時間がかかるようになってきます。しかし、このときは力を貯めているときなのです。目に見えた進歩がなくても、次の発展のために充電をしているときなのです。何かの拍子にその均衡は破られて急激な能力の向上が見られます。この間までの足踏みがうそのように目の前が開けてきます。それまでの新しい世界がないのではないかと悲観していたのがうそのようです。

このように多くの技術を要するものは、始めた最初は大変めざましい発展をしますが、そのうちに横ばいとなり、ほとんど変わらないように見えます。その時期をがまんして過ごしていきますと、急に新しい世界が開けてきます。このようなパターンをぜひスポーツや体育の活動の中で経験してほしいのです。

人々はいつまでも目に見えた進歩をのぞみますが、このプラトーの足踏み状態になっているときがなければ、その次にくる新しい世界が開けることはないのです。足踏みの時代が苦しいために、そこで止めてしまう人もいます。大変残念なことです。新しいちがったことをやり始めても、最初は目に見えて進歩をしますが、間もなくプラトーになります。中学生ぐらいになれば、そこをなんとかがまんをして、そして自分できっかけをみつけて、あがいていたのがうそのような新しい世界を見るという経験をスポーツでしてほしいと思います。スポーツにはそのような経験をするのに適している種目がたくさんあるのです。あなたは今、どの段階ですか。

23 走る前に五分間歩け

膝を守るために

朝、起き抜けに健康のためにジョギングにでる人が増えてきました。目が覚めて天候を見、雨が降っていなければ服装を整えて、一気に外へ飛び出したりするそうです。あるいは、長い間教室ですわっていて「さあ、体育の時間だ」といって飛び出していくこともあるでしょう。しかし、これは関節のために、特に膝のためにはあまり好ましくないのです。

私達のからだはたくさんの関節からなっています。関節は、よくすべって曲げられるように骨と骨とのつなぎ目になっている面が、つるつるになった状態で、しかもそこに油のような液体を入れて動きやすいようにしています。骨と骨が直接に接する面は、柔らかい骨でできています。それを軟骨と呼んでいますが、その骨は刺激によって厚みを変えているのが特色です。寝たり、じっとしている間には薄い状態になり、その軟骨に力の刺激が与えられますと、その

軟骨の中はしだいにふくらんできます。
　いわばスポンジがふくらむように厚みを増し、厚くなった軟骨は、クッションの役目をし、衝撃に耐えられるようにしています。ですから、運動をする前には、その関節にある軟骨の厚さを増しておかなければ膝を痛めてしまうわけです。
　特にジャンプをして降りるような運動の場合は、膝に体重より大きな力がかかりますから、軟骨を厚くしておくことが重要です。バスケットボールだとかバレーボールだとか、あるいは、足をふんばる動作の入る走り高跳びとか、走り幅跳びといった運動は膝や足首に大きな力がかかります。その力をクッションとして受け止めるためには、軟骨に厚みが必要なのです。それには歩くような刺激を五分間ぐらい与えてやればしだいに軟骨は厚くなってきます。そのような状態にして運動を始めればいいのです。

体育の授業が始まる前には、更衣室に行ったり、用具室で準備を手伝ったり、体育館に行ったり、グランドに行ったりして大いに歩き回りましょう。時間が早ければそのあたりにすわっておらずに、まずは歩くことです。そして関節に刺激を与えておいてから、走るなり跳ぶなりすればいいのです。

スポーツや体育の指導者にも膝の痛みを訴える人がいます。その原因はいろいろありますが、多くは選手時代に痛めてしまった人が多いようです。しかし、指導者になってからもずいぶんむちゃなことをしている場合があるのです。

たとえば、バスケットボールのコーチをしているときを想像してみましょう。じっと立って選手達の動きを見ています。選手がゴールへのジャンプ・ショットをしています。そのA君のジャンプ・ショットが気にいりません。そこで、模範を示そうと自らやって見せることがあります。その際にすぐに駆けていって、このようにするのだとばかり跳び上がり、きれいなジャンプ・ショットをして着地をします。このような指導場面で、ジャンプをする前に、立ったまじっとしていたり、椅子に腰掛けていたのでは、膝などの関節の方に準備ができていません。

そこへ急に大きな力が膝に加わります。膝の上の骨（大腿骨）と下の骨（下腿骨）とがぶつかりあいます。このために、この関節の軟骨が傷つき、そこから傷害が起こるのです。

私の趣味は登山です。この間もアンデス山脈の中にある未踏峰に登ってきました。そのときのことです。疲れて頂上に着いたときには、もう日がかげり始めていたものですから、暗くならない間にと急いでテントへ帰ろうとしました。足元の明るい間に少しでも下山しておこうと少し走り気味にどんどんと下っていきました。しかし、それは自分の体重の上にさらにザイル（ロープのこと）やハーケン（岩の割れ目に打ちこむ金属片）、カラビナ（ハーケンとザイルをつなぐ環《わ》）といった重い登山道具を入れたリュックサックを背負っていましたから、膝にずいぶん無理がいったようです。足元も氷、雪、モーレン（氷河が削った岩くず群）といろいろです。アンツーカの陸上競技場を走るようにはいきません。それがあってからは膝の調子が少し悪くなることが起こっています。みなさんは私の二の舞をしてはいけないわけで、激しい運動をする前には、膝などの関節のために五分間は歩くようにしましょう。

朝、起きたときに食べる食事を英語ではブレークファストといいますね。ファストというのは、断食という意味です。昨夕から朝まで一日の半日の十二時間、食物をとらなかったわけですから、断食といっています。その断食をブレークする、すなわち断食をやめて食事をするということです。ブレークファストのときも、一気に食物を胃に押し込まず、まず、お茶を入れたり、牛乳を入れたりして、予告をしてやります。

このことは、食事ばかりでなく、運動も同じです。起きぬけに走ることはブレークファストの運動としては好ましくないのです。胃に「さあ、食物を入れるよ」という合図を送るように、からだにも「さあ、運動するよ」という軽い刺激を送って準備をすることを習慣づけましょう。

指導一口メモ―⑬

ラインの石灰に注意

屋外スポーツの白線には普通、石灰がよく使われる。この石灰が、からだに長くついていると、やけどを起こすことがある。新しい石灰は、アルカリ性で、それが皮膚をかぶれさせたり、やけどをさせたりする。

ユニフォームに付着したときも同様で、かえって長く皮膚に接触しているので、やけどになりやすい。スポーツに身近な石灰に注意をする必要がある。

24 「苦しい」が「楽だ」に変わるとき

ヒトは三段式ロケット

スポーツ少年団員の練習が始まっています。スポーツの基礎は走ることにあると、短い距離、長い距離、短い時間、長い時間、土の上、草の上、砂の上、直線、曲線、ジグザグと、いろいろな走り方を組み合せて、実施しています。額には、汗がびっしりとならんでいます。このような運動によって、エネルギーの発生のしかたを、からだの中で開発し、からだの動きを作っていけるのです。

私達が勢いよく走り出したときに、使うエネルギーの種類は、時間によって、三段階に変化します。

まず最初は、瞬間的にだしてくれるエネルギーです。時間にして、一、二秒間で使いきる方法です。これはスッと立ったり、パッと走ったり、エイと持ちあげたりする動作で、素早い動

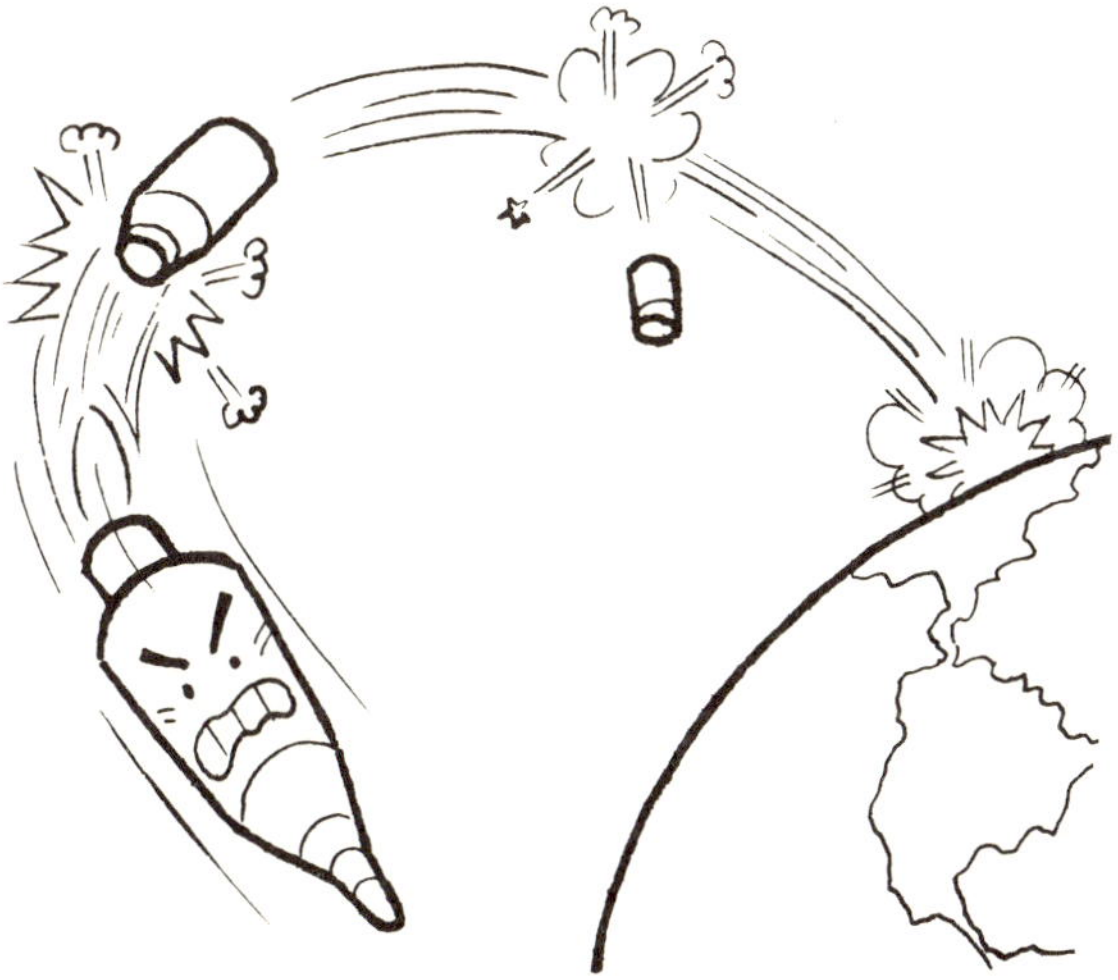

作をするときに使う動作開始のエネルギーです。
これは一、二秒で終わりますから、あとはすぐに、一〇秒ほどエネルギーを持続してくれる物質にバトン・タッチをします。この二つのエネルギー源は、直接動かす筋肉の細胞の中にあります。合わせて一〇数秒ほどで燃えつきてしまう燃料は、自分で発火をしますから、酸素も何もいりません。使ってしまったなら、からっぽになってしまいます。それで、またその物質をためこまないことには、次に使えません。ためるためには、リサイクル法を使います。燃えた物質は、アデノシンにくっついていた三つのりん酸のうちの一つです。残った二つのりん酸に、体の中にあるクレアチンとくっついているりん酸を分離結合させて、再び元の一段目のロケットエンジンの燃料を作ります。燃料をためるのに、一〇分はかかります。

三重県の高校ラグビー選手である中道君が、一〇〇メートルを一〇秒すこしで走りましたから、ほぼこの第一エネルギーを全部使いきって走ったことになります。そのあとで、またそのエネルギー源を使って走ろうとすれば、一〇分間は待っていなくてはならないわけです。そのように最初一〇秒ほどは、どのような運動でも、この第一エネルギーを使います。その走る運動を続けるつもりですと、最初から少しスピードを落としているでしょうから、この第一エネルギーは二〇秒くらい長持ちするでしょう。それから後は、第二のエネルギーの出番です。

第二のエネルギーは、四〇秒ぐらいから一分くらいにかけてよく燃えます。やはりこれも燃やすために酸素はいりませんが、燃えた後に乳酸を残してしまいます。

四〇〇メートルを一分で走ったとしますと、最初の二〇秒間ほどは、充電型の第一エネルギーを使います。あとの四〇秒間ほどは、乳酸を残す第二エネルギーです。第一エネルギーと比べますと、立ち上がりはゆるやかですし、終わりもなだらかで、富士山型です。この第二エネルギーの持続時間は乳酸の濃度で決まってきます。

最後に出てくる第三のエネルギーは、ゆっくりゆっくりエネルギーをだしてきます。ピークになるのに、時間がかかるのです。というのは、酸素を使うものですから、酸素の供給が安定するまでの時間がかかるのです。燃料も食べ物から吸収して、燃やしやすい形に変えていますが、それでも糖分や脂肪から燃やしやすい形に変えるのに時間がかかるのです。ピークをむかえるのは、五分ぐらいの余裕が必要です。

この第三エネルギーは持続型です。いったん、酸素の供給が軌道にのり、燃料の転換回路も順調にいきだしたならば、長時間続けることができます。

このように、ヒトのエネルギーの出し方は三段式ロケットのようです。「ロケットのよう」ではなくて、正確には、ロケットは人間をまねして作ったのですが。コンピューターが人間の脳の働きをまねしているように。

さて、ここでは乳酸型の第二エネルギーから酸素型の第三エネルギーに完全に移るまでを注目してみましょう。

第二の乳酸型エネルギーと最後の酸素型の第三エネルギーに切り換わるところで、時間的にみると、その間に断層ができています。一分目をピークとする乳酸型エネルギーがしだいに落ちてきます。その反対に、酸素型エネルギーが高まってきます。しかしながら、この第三エネルギーがピークを迎えるのは、運動を始めて五分目ですから、エネルギーの発生方式の切り換えが問題になるのです。

うまく切り換わってくれるまで、その間も運動は続けたいとします。すると、一分目から五分目の間はエネルギー源の不足時間帯になっていることになります。運動を続けていると、その時間帯は大変苦しい思いをすることになります。乳酸型のエネルギーはからだの中に乳酸の濃度が高くなって、もう限界にきていますし、酸素消費型のエネルギーは少しずつ階段を上るように上ってきています。けっして一気には上れないのです。ゆっくりにしか高められないのです。そうなれば、その間はスピードを落として、エネルギー不足に対応するのが一般的です。

何しろエネルギーが十分に供給されていないのですから、からだのいたる所からエネルギー源をかきあつめて使って走っているわけです。しかし、それでも十分ではありません。からだの中で借金をしながら、運動を続けているのです。酸素が十分に、からだ中に取り入れられ、血液の中に混じって運搬され、筋肉に入り、その細胞へ滑り込み、そこで燃料として使われるようになり、酸素の供給がとぎれなくなるような状態がからだの中にできるまでの、一分から五分の間は大変苦しく、走る人はデッド・ポイント、死にそうになる点だというので、死点と呼んでいます。皆さんもこの状態は経験しておられるでしょう。

苦しくなるのは、エネルギーが十分にいきわたらない状態なのですから当然です。しかし、その状態が五分間くらい続くと、じょじょに体内に取り込まれる酸素が多くなってきます。使っている筋肉の燃焼炉（細胞）にとぎれなく運びこまれるようになってくると、急に楽になります。苦しくて、死ぬようなと表現したくなるような状態から、それがうそだったように楽になる状態です。それをセカンド・ウインドと呼んでいるのです。

走り始めて一分、二分を過ぎると、しだいに苦しく、つらくなってきます。そのときには少しスピードを落として走りながら待っていますと、急に楽になってきます。その苦しいところでやめてしまうレベルから、それを乗り越えて「楽だ」と思うような時点まで走ってみることが、スポーツ選手の場合には大切です。その経験をすることによって、からだの持つ三つのエネルギーの出し方を全部経験し、その苦しいあとにくる楽しさを十分経験しておくことをおすすめします。学校の体育の授業においても、この発生の異なる三種類のエネルギーを使った三段ロケットをぜひ教材化してほしいものです。

トレーニングをつんでくると、二段目のロケットは一分間ぐらいしか燃えなかったのに、倍の二分間も燃えるようになってきます。三段目のロケット・エネルギーも最初は息切れしながら、力を出していますが、しだいにしなくなってきます。走るときには、これからどのようなことがからだに起こってくるのか、頭にえがきながら、それを期待する気持ちで手足を動かすことが大切です。わかっておれば、次のステップに向かって努力をするようになるからです。

さあ、走って、ロケットが三段共に火を噴くか、やってみよう。

25 非利き足を追放しよう

足にはそれぞれ役割がある

みなさんは野球のボールをどちらの手で投げているでしょうか。教室で聞けば、九〇パーセント以上の人が右手で投げていると答えます。もちろん左手でも無理をすれば投げられないことはないのですが、正確にほうれなかったり、動作がぎくしゃくして、とうていボールを投げている動作ではありません。

サッカー・ボールをけるのはどちらの足でしょうか。両足とも変わらずに、けれるという人もいるかもしれません。しかし、そういう人は少なくて、やはり右足でけった方が正確で、強いという人が多いのです。右からきたボールでも、左からきたボールでも、正面からきたボールでも、自由のきく右足でける人が多いのです。ではどうして右足でけるようになったのでしょうか。もちろん練習の賜物《たまもの》です。右足でける練習ばかりを今までにしてきたからです。右手、

右足「ばっかり運動」です。

なるほど、右足ばっかり練習をすれば、だんだん自由になりますから、転がってくるボールもけれるようになりますし、ボールを止めたり、胸や腿《もも》で受け止めたボールをけったり、向きを変えたり、いろいろな動作が上手にできるようになってきます。これも右足で練習したら、左足でも同じ練習をしておけば、両方ともできるようになるのですが、多くの人はそのようなことをしませんから、片方だけがよく発達するようになります。使えば発達するというのががらだの法則です。使わなければ、学習しなければ発達しないというのが、大脳や神経や筋肉です。左手は意識的に発達させなかったのです。

埼玉県はサッカーの盛んな土地柄です。それだけにレベルも高いところです。そこで、少年サッカーの指導グループの世話をしている徳永良という人がいます。一度、そのグループが指導しているところを見せてもらったことがあります。そのチームでは、全体的に、からだの左右の均等的な発達をよく考えた指導をしておられて、感心したことがあります。

基礎的な練習では、左右差をつけないことが、後で大きく発展することにつながるのです。もともと足には左右どちらが主役ということはありません。

右足でボールをけるときに、左足はどうなっているのでしょうか。左足はちゃんと立つという役割をしていますね。右足でボールがけれるためには、左足はからだがふらついたり、逃げたりしないように、維持して立っているという仕事をしています。

このように足は直接ボールに働いている働き足と、それができるように支えている足、この二つの役割を分けているわけです。ですから手のように、どちらが利き足かということを決めることは本当ならむつかしいわけです。左足がぐらぐらしていたのでは、右足でボールをけることもできませんし、けれても思うようにはいかないでしょう。

このように足は役割を分担していると考えたほうがいいわけです。左と右のどちらが、ける専門足、支える専門足と分けないで、どちらもできるようにしておくのがいいのです。今まで右足でけっていたならば左足でボールをけれるようになり、右足には支持をしてもらうという役割をしてもらうことが大切になります。

さあ、明日からの練習で、右の練習をしたならば、必ず、左で同じ練習をしてみてください。初めは、右のようにできないのに決まってますよ。もう忘れたでしょうけれど、右だって、はじめからこんなにうまくなかったのですから。三日ぼうずにならず、あきらめずに(「進歩がとまったときが、躍進の始まり」一二八頁参照)。

26 幼稚園にマラソン熱

それは大人のおせっかいでは

少年のスポーツ活動や体育の指導にたずさわっている指導者にとって、幼児の運動環境の実態について知っておくことも、少年の指導に役立つものと思います。

幼児や児童の肥満の問題、成人病の低年齢化の問題、運動中のなにげないと思われる動作なのに骨折事故の発生などなど、子どもたちに起こる病気やけがのことが、二〇年ぐらい前から話題になっています。それが現在も続いています。このことは、みなさんも耳にしたことがあると思います。

そこで、私達は、幼児や児童の運動環境が、どのようになっているのかを知りたくて、その手始めに、幼稚園児の運動遊びについて実態調査をしてみました。全国の国立、公立、私立の幼稚園にアンケート用紙を郵送し、調査を保育者に依頼し、いろいろと運動遊びについてたず

ねるという方法をとりました。
ここでは、その調査の結果から感じた、いくつかの事柄を取り上げてみます。幼稚園では小学校とちがって、幼児の遊びを中心とした集団活動をしながら、幼児一人ひとりの発育発達に応じた総合的な保育がなされるようになっています。
保育のねらいは、どこの幼稚園でも、いろいろな遊びを中心とした全体的、総合的な保育で、その中でも、基本的な生活習慣づくりや、健康な生活のためのしつけに相当気を使っている様子です。たとえば、健康な生活のしつけでは「手洗い」「薄着」「うがい」「歯磨き」などの励行で、この四項目で健康な生活のしつけの項目全体の約八〇パーセントをしめていました。

次に、運動遊びではどのような遊びを取り上げているか見てみましょう。年齢に関係なく共通して取り上げられている運動遊びは「ブランコ」「シーソー」「ジャングルジム」「鉄棒」などの固定した遊び道具での遊び、「鬼ごっこ」（鬼ごっこの遊びにはたくさんの種類があります）「縄跳び」「水泳・水遊び」「マット運動」などです。また、選択率の高い遊びは、固定遊具での遊び、「鬼ごっこ」「縄跳び」「サッカー」（五歳児で非常に多い）でした。幼稚園では、これらの運動遊びを中心にして、年中、毎日、二〇分〜三〇分くらい運動をしています。

これらの運動遊びについで選択率の高かった遊びが、マラソンでした。そこで、マラソンについて少し述べてみたいと思います。それは、どうしてマラソンなのかと思うからです。まさか、幼児が自分の体力づくりのためにマラソンをしたいと考えるようなことはないと思います。そうだとすれば、周囲の大人達の発想ではないでしょうか。この発想には、少し大人の考えが入り込みすぎているように思います。幼児と運動遊びは、大人と運動のかかわりかたとはかなり異なったものなのです。

幼児の運動遊びは幼児の生活そのものであり、これによって生活が維持され、発育発達がなされているのです。大人の運動のような技術づくりや、筋力づくりや、気晴らしとはちがった意味があるのです。だから、幼児の保育については、幼児の自主性が尊重されています。これは幼児自らが、その発育発達に伴って自然に出してくる動きを、大切に育てようとしているからです。

たとえば、走るという運動は、それ以前に二足による歩行が可能になり、それが幼児の生活の行動範囲を広げ、さらに、遊びへと発展していくのです。その遊びの中で「鬼ごっこ」という、幼児が楽しく、そして興味を持って運動する遊びが作られてきたものです。このような自然発生的な遊びを、大人が手助けして、より発展的な遊びに育てたいものです。鬼ごっことマラソンを比較したとき、幼児にとって、どちらがかれらの生活により深いかかわりがあるかはすぐわかることでしょう。

これは自然に作られたものと、その模造品とのちがいにたとえられると思います。特に、一度や二度のマラソンで、幼児の全身持久力が発達するというのであればともかく、その能力が高くなるためにはかなり継続しなくてはなりません。それをねらうとすると、幼児の気持ちを無視した指導になる危険があったり、幼児自身にあきがきたりします。

その点、鬼ごっこは幼児側からでてきた遊びであるだけに、興味が長続きするし、運動への導入も自然にできます。その上に、いろいろとアレンジもできやすくなります。そうであれば心肺機能の発達も含めて、幼児の総合的な能力の開発ができると思います。幼児の能力の開発には、幼児の発想を大切にし、継続できるものこそ利用していくべきでしょう。それによってしっかりした根を育てることができると思います。

大人のマラソンをまねして、その幼児版としての幼児マラソンなどは、幼児側から自然発生してくるまで待っていいと考えます。

指導一口メモ―⑭

部活動の根性主義が重荷になりやすい

部活動のよい点は多くある。一方で、スポーツ種目の部活動の中には根性主義がはびこっていることが多い。がんばりはケガをしていても練習をすることであったり、根性があればどんなことでも可能だ、という盲信を追放しなければ、本当にスポーツ好きな子供を育てることはできない（群馬大学の高田知恵子さんの話）。

スポーツは心からエンジョイをすることが何よりも大切である。それには部内に自由と規律を確立し、リーダーシップとメンバーシップを養い、味方と相手のチーム・メイトを尊敬することである。

27 スポーツ栄養の三必勝法

スポーツの勝利はでんぷんから

1 使うだけ食べよう

スポーツはたくさんのエネルギーを使います。ですから、たくさん食べないと、スポーツが続けられなくなったり、大きな力を出せなくなったりします。食べるのもトレーニングのうちです。食べられるということは、使えるということでもあるのです。

しかし、食べたものをエネルギーとして使わない場合には、脂肪に形を変えて体内に保存をする性質があります。それでは困ります。どうすればよいのでしょうか。

食べ物の中でエネルギーに変えやすいのは、主にでんぷんです。ご飯やパン、スパゲティ、バナナやオレンジなどは、でんぷんすなわち糖質を摂取するのによい食べ物です。

これらの食べ物を口に入れると、胃腸のチューブの中を移動しながら消化液で分解していきます。どのような糖質もブドウ糖という単位にまで細かくなると、小腸の膜を通過して体内に入ります。消化液の分泌が不足して、ブドウ糖にまで分解できないと、体内には入ることができず、うんちとして体外へ出ていくよりほかに方法がありません。

体内に入ったブドウ糖は肝臓に運ばれ、形を変えながら必要なところに運ばれます。まず、大脳が常に働くためのエネルギー源として血液によって供給されます。血液中の濃度が落ちてくると、高めるために肝臓に貯蔵しているグリコーゲンが放出されます。もし、食事をして血液の糖分が高くなり、肝臓へ貯蔵しようとしても、一杯になっておれば、尿の中に混ぜて、体外に捨ててしまうか、インスリンが脂肪に変えて体内に貯蔵するかになります。

ブドウ糖を多量に保存しているのは筋肉です。ブドウ糖を筋グリコーゲンという形にして、筋肉を収縮させるエネルギー源として保存しています。ところが保存してある筋グリコーゲンをスポーツで使うようにしないと、ほとんどはインスリンが脂肪に変えてしまうのです。ですから、何かの理由で試合や練習が中止になったりした場合には、軽い有酸素運動をして、筋グリコーゲンを使っておきましょう。

反対に、食事をとらないでスポーツをすると、エネルギー源の不足から次の二つの症状が起

きやすくなります。
一つ目は脳の働きが連続ではなくて、点線のように断続的になります。すると正確に情報を処理できなくなり、そのために判断にミスが出ます。たとえば、外野フライでは目測を誤って、キャッチできなくなったりするように、予測能力が極端に落ちていきます。
二つ目はエネルギー源不足から、筋肉の動きが鈍くなり、動作のリズムやタイミングが狂ってきます。学校の栄養士さんや調理師さんと相談をして、使うだけのエネルギーをでんぷんでしっかりと食べましょう。

2　血糖値を高くしない食べ物を選択しよう

食事をすると、血液の中に、急激に糖分が増えてきます。これは食事の主食にあたるでんぷんが消化吸収されて、血液の中に入ってきたからです。血液の中の糖分が高くなってくると、その処理のためにインスリンというホルモンが出てきます。インスリンは血糖値を基準値まで低下させようとして、糖分の一部を脂肪に変えます。体重を移動させるスポーツでは脂肪が増えることは不利になりますから、避けたいところです。また健康な状態を作りたいと思っている人にとっても、脂肪の増加は困りものです。どうすればよいでしょうか。食事から考えてみましょう。

最近になって、同じようなでんぷんを含んでいる食べ物の中でも、吸収が少量ずつで長くかかる食べ物は血糖値をあまりあげないので、インスリンの分泌量も少なく、脂肪に変わりにくいことがわかってきました。その吸収の早さの程度を表すものにグリセミック指数があります。

グリセミック指数は、でんぷんの種類や状態によって、ブドウ糖に分解して血液に入ってくるまでの時間の違いを指数に表したものです。早く分解吸収されるものは、高い指数になっています。反対に、分解吸収に時間がかかるでんぷんは、低い指数になっています。ブドウ糖の場合を指数一〇〇として、左記に食べ物のグリセミック指数の例をあげておきます。

・九〇は、パン、マッシュ・ポテト、ハチミツ　　・八〇は、コーンフレーク

・七〇は、ご飯、ゆでたじゃがいも、シリアル、クッキー、チョコレート

・六〇は、バナナ、パスタ、砂糖、干しぶどう　・五〇は、さつまいも、豆
・四〇は、オレンジ　・四〇未満は、りんご、アイスクリーム、ヨーグルト、牛乳、野菜

スポーツの場合には、短時間の種目は早く消化する高い指数の食べ物をとれば、エネルギー源を筋肉へ供給する速度も早くなります。この供給されたエネルギー源である筋グリコーゲンを激しいスポーツ活動では、早く消費します。すると、インスリンが、筋グリコーゲンを脂肪に変える前に使ってしまうことになります。長時間にわたる持久性の必要な種目には、じわじわとゆっくり吸収される指数の低い食べ物を選ぶとよいでしょう。

3　スポーツ・ドリンクは含まれている糖分に注意

スポーツ・ドリンクはたくさんの種類が市販されています。糖分三パーセント未満のものは胃腸の通過が速いのでお勧めですが、中には五から一〇パーセントも含まれているものがあります。それでは、飲んでも含まれている水分が血液に入ってくるのが遅くなってしまいます。まず、飲む前にボトルに印刷されている成分をみてみましょう。成分名のられつだけで、数値の書いていないのは要注意です。

飲んで甘い味はあまりしなくても、すっぱい味が勝っているものも要注意です。

指導一口メモ――⑮

かたより運動は関節を痛める

どんなにいい運動でも一つだけしていると、けがを起こしやすい。エアロビック・ダンスも酸素をとるためにはいい運動だが、それしかしていないと、膝やすねに痛みを感じることが多い。ひととおりいろいろなものをまぜて、その中で一つのことをするならば、このようなことは起こりにくい。

食事には二〇種の食品を、スポーツの練習には一五種の「動き」を。

指導計画を立てるときに、次の動きが含まれているかチェックをするとよい。

①方向換《か》え歩き　②駆ける―走る　③跳ぶ―跳び降りる―落ちる　④投げる―当てる　⑤泳ぐ　⑥浮く―沈む―潜る　⑦飛び込む　⑧滑る―スライディング　⑨蹴《け》る　⑩舞う―回る　⑪倒れる―ぶつかる　⑫はう　⑬登る　⑭握る―つかむ―捕まえる―引く　⑮押す

Ⅳ スポーツとトレーニング

28 一〇年ぶりにスキーをするというので

たたみの上の水練《すいれん》こそ、よいトレーニング

南の国の街に住んでいますと、雪などめったに見られません。靴の下で歩く調子にあわせて、キュッキュッと立てる音など聞くこともありません。そんな南国で、修学旅行にスキーをとり入れる学校が増えてきました。

私が校長をしていた附属中学校でも修学旅行の中にスキーが入っていました。私も責任者として同行し、皆と一緒にスキーをすることにしました。スキーは大変楽しいスポーツです。冬になると身体運動が不活発になる人にとっても、雪の上でいろいろにからだを動かして汗をかくことは、また気持ちのいいものです。そこで、生徒と同じように貸しスキーに、貸し靴を申

し込みました。
　さらに驚いたことは、スキーの帽子や手袋を含めたスキーのウエア一式も全員が借りられるシステムでした。私も生徒と同じスタイルをすることにしました。
　私がスキーを始めたのは大学生になって山岳部に入ってからでした。山岳部一年目の冬山合宿は、長野県の上高地にある横尾というところでした。そこで雪上キャンプをしました。ある日、スキーにシール（あざらしの毛）をはりつけて、山道を登っていきました。私にとって、スキーはまずは登る道具だったのです。
　北アルプスの高い山々が連なる穂高岳にふところのように囲まれた「から沢」というところまで登りました。そこで、スキーの裏につけていたシールをはずしました。山小屋がすっぽりと雪でかくれていましたから、五メートルは積もっていたことでしょう。初めての下るスキーは、山小屋の屋根からふもとのテント場まで滑り降りるという計画でした。

一度も滑ったことがない者が、初めて、しかもリュックサックをかついで滑ろうというのですからむちゃなことです。しかし、上級生の平田和久さんから指導をうけて、意外に時間がかからずに全員が下ってきました。きっと教え方が上手だったのでしょう。それからはスキーと山のおもしろさにとりつかれ、山への登りと降りには何とかスキーを利用しようと、多くの山行きにスキーを持って行ったものです。

私のスキー歴は、山登りの楽な方法として利用するというのがほとんどで、今のレクリエーション・スキーの中心であるゲレンデでのスキーはあまりしたことはありません。それでも基本的な技術を身につけるために、ときどきはよく整地され踏み固められたゲレンデに出て行きましたが、すぐにあきてしまって困ったものです。

修学旅行のスキーは鳥取県の大山《だいせん》スキー場です。大山は大学が広島でしたから、よく出かけていた山です。四季にわたって岩をよじ、頂上に登り、雪のある時には六合目の避難小屋から別山沢へスキーですべり降りて正面谷へ出たことでした。

しかし、一〇年間スキーをしていません。古い板と靴にストックをだしてきたら、使い物になりません。道具は借りるとして、からだはどのような状態になっているのでしょうか。

スキーのフォームは心配していません。一〇年前のフォームが大脳の中にしっかりとプリントされて、保存されているはずです。流行のフォームには遅れているかもしれませんが、安全に滑るフォーム程度には記憶していることでしょう。しかし、大脳の中にプリントされているプログラムによって動く筋肉の方はすっかり衰えて、若いときと同じではありません。

たとえば、スキーを階段のようにして登るときはストックをついて体重を押し上げます。このストックをついたときに使う筋肉は、日ごろ、日常生活ではほとんど使わない筋肉です。この筋肉をトレーニングして、使えるようにしておかなければなりません。

また、スキーは前傾姿勢といって、前へ少し傾いた姿勢をしますが、その際には、ふともも（大腿部）の筋肉を同じ長さのままで緊張させておく必要があります（筋肉の力の出し方の一つの方法でアイソメトリックと呼びます）。しかしながら、日常生活でも、動きまわるスポーツでも、このような姿勢はしませんから、発達していないのです。壁に手をついて、スキーのイメージをつくりながら前傾姿勢をとり、そのままじっとしていたり、ときどき膝を少しまげてみることも、実際に雪の上に立つまでには、繰り返し繰り返し、トレーニングをしておこうと計画しました。

次にバランスも重要です。スキーは斜面を滑ります。足には幅のある板をつけて、その上で倒れないように乗っていくのですから、バランスが大切です。私は、自転車に毎日十二キロメートルは乗るようにしていますから、ゆれ動く上でのバランスは、日常生活の中で養われ、その能力を保っています。けれども、スキーには、キック・ターン（方向を変える技術）や回転をしたりするために、片足の方に完全に重心を移してしまう動作があります。ですから、片足立ちをして、片側の足に体重をかけても、それによって身体がふらつかない力を回復させておく必要があります。

また関節や胃には、ねじれの力が加えられます。キック・ターンのように停止姿勢でねじったり、谷まわりのように滑りながらひねりが加わります。あるいは立ち上がったり、沈みこんだりするように、股《また》、膝、足首の関節をしっかりと結びつけている靭帯《じんたい》に刺激を与えて、準備をしておく必要があるわけです。

一〇年ぶりにスキーをするというので、スキーに必要な①筋肉の強化、②関節の柔軟性、③バランスの回復を中心に準備をすることにしました。そのためには、私の五〇歳という年齢では三カ月が必要だと計算しました。そこでスキーに行く一月下旬の三カ月前、すなわち十月の

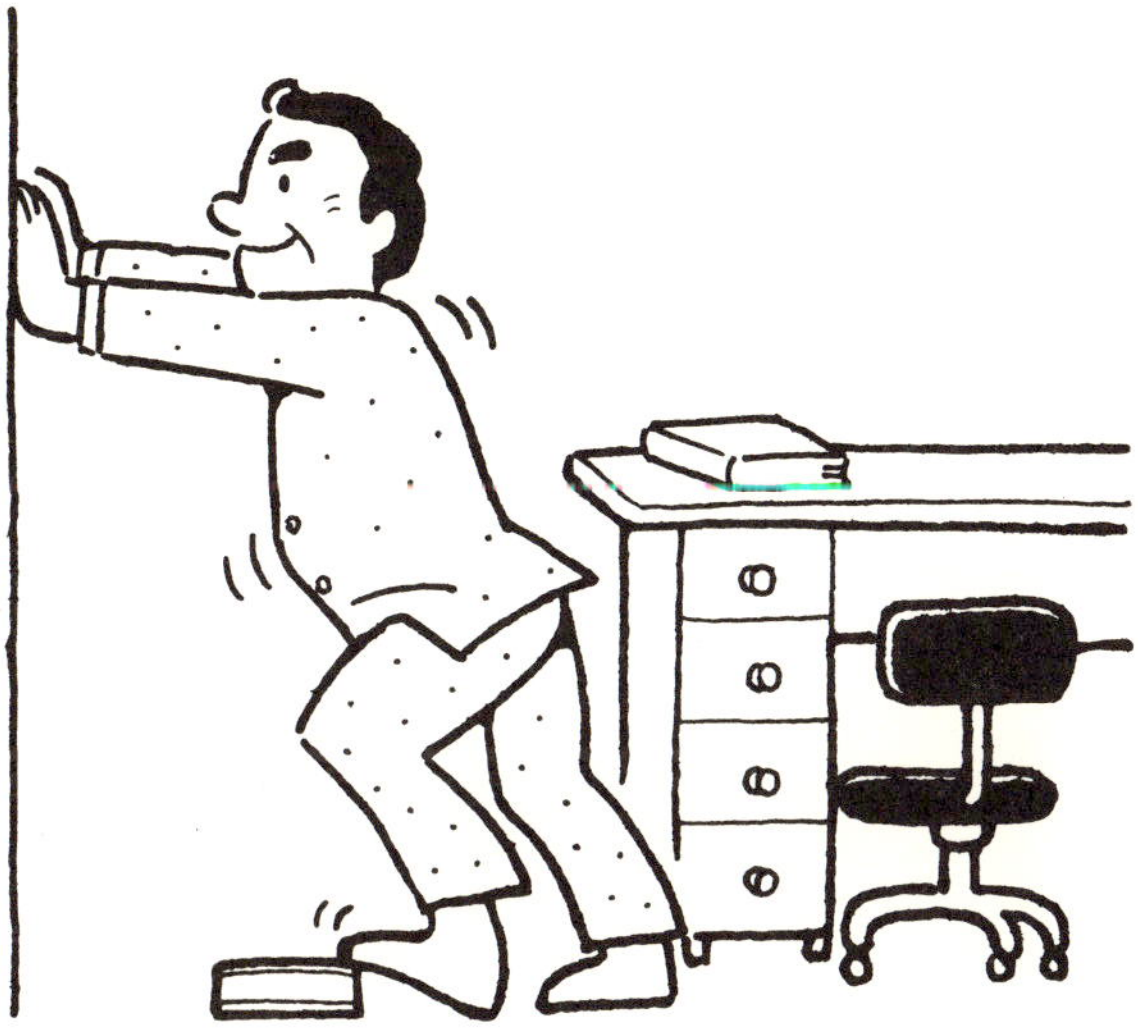

下旬、運動会が終わったころからそろそろトレーニングを始めました。スキーをするのはたったの一日半の予定でしたが、その間に最高に楽しむために三カ月前からトレーニングを始めたわけです。といっても、特別にトレーニング・ウエアに着替えてさっそうと始めたわけではありません。

たとえば、大腿のアイソメトリック（筋肉の長さを変えないで力を出し続ける状態）は校長室の壁や椅子に手を置いてしまました。また、ストックを前に突いて、腕で床に押しつけたり、あるいは、ストックを両脇に立てて、掌でぐっと押してからだを持ち上げるようにしたりする動作も室内で十分できるわけです。トレーニングの計画ができあがると、私は月曜日の朝礼の話にとりあげ、生徒の前で修学旅行の一日半のスキーのために三カ月前からトレーニングを始めたことをいいました。たった一日半だけれども、三カ月も前から準備している姿が大切だと考えたからです。そしてトレーニングをすることによって「あーっ、スキーってやっぱり楽しいなあ」という気持ちを持つような私自身のスキーの滑りと、その上に生徒達の目にとまって「校長先生のように滑れるようになればいいいな」と思ってくれるようなスキーをするつもりでトレーニングを始めました。

三カ月がたちました。出かけた鳥取県の大山《だいせん》のスキー場は、雪もたくさんあり、ウイークデーでしたから人々もあまり多くなく、広々とした斜面で滑ることができました。もし、あまりトレーニングをしないで出かけたならば、スキーが終わった後に筋肉が痛くなったり、滑っているときに同じ動作が続けられなくなったり、バランスをくずして倒れたりするかもしれません。トレーニングのおかげで、しだいに調子がでてきて、ビデオカメラの担当の先生から、それを引きとって、滑っている生徒や先生方の姿を共に滑りながらの撮影を初めてしてみました。自分の滑っている姿もビデオに収めてもらいました。

スキーは割合早く上手になるスポーツです。生徒達も一日半なのに、ずいぶん上達してゆるやかな斜面で回転も無理なくこなしています。たまに足の方が早く滑って、上半身がそれについていかずに倒れています。斜面の変化に姿勢があわせられなくて倒れたりしても、倒れることがおもしろいのです。スキーは失敗してもおもしろく、笑いころげていられるのは、他のスポーツではみられない特色です。

雪の期間が短い地方では、いつもスキーに行くわけにはいきません。スキーの楽しい思い出を頭に呼びおこしながら、十月、山から初雪の便りが聞かれ、しだいに里へ雪が降りてくるのを待ち望みながら、筋肉や神経をトレーニングしていることもまた楽しいものです。三カ月のトレーニングのおかげでけがをすることもなく、そして技術的にも一〇年前のレベルまではなんとかもどったような気がいたしました。来年もぜひ出かけたいと思っています。

29　ぼんやり待つよりストレッチ

ストレッチのTPO

運動を始める前にストレッチをする人が多くなりました。これは大変よいことで、少しの時間でできますし、ふだん着でも十分できます。準備運動の始まる前に皆といっしょにじっと座っておしゃべりなどしていないで、ストレッチをしながら聞き役にまわってみてください。また、ストレッチは準備運動のときだけにするものではありません。運動と運動との間に休みがあるときも静かにストレッチをしてみてください。きっと効果があります。

ストレッチのよいところは、おおげさな動作が必要ないことと、動きが少ないために他の人にあまりめいわくをかけずにすむことです。場所も広くいりません。机の前に座っているときでも、自動車の中でも、バスに乗っていても、その場でできるのが特色です。私は飛行機に乗っているときによくストレッチをしています。

ストレッチの種類も走る前と泳ぐ前とでは変えてみてください。どこの筋肉をよく使うでしょうか。その運動はどこの筋肉が伸びたり縮んだりするでしょうか。そこを重点的にすればいいのです。自分の力で引っぱったりする方法ですから、危険がありません。他の人の力で押してもらったりしませんから、伸ばす限度がよくわかります。日ごろからちょっとの空き時間を利用して、ストレッチができるように習慣づけてみてください。

運動の途中でもした方がよいといいましたが、こんな効果があるのです。たとえば、水泳などは、疲れてくるとけいれんや筋肉のつっぱりなどが起こってくるものです。それを防ぐにはストレッチが一番よいのです。筋肉や関節が冷たくなっていれば、よくふいて水滴をとり、静かにストレッチをしていきます。

ストレッチは、気持ちのいい、少し痛みを感じ始める前まで、伸ばすのがいいのです。

ストレッチは運動するときだけではありません。手術した後とかねんざをした後とかに、日課のようにストレッチを加えることが大切になります。また、妊娠しているときに、足がつることがありますが、これも日ごろからストレッチを日課にしていることで、予防することができるのです。

指導一口メモ―⑯

耳掃除は水泳の一週間前に

プールでの水泳教材の授業が始まる前になると、学校から耳掃除をしておくようにとたよりが届く。耳に水が入って、鼓膜までの部分に炎症を起こしやすいためである。だから、泳ぐ前に耳あかをとっておくようにという指示である。

ところが、耳かきで耳掃除をすると、たいがいは耳の中の皮膚に傷をつける。そこへ水が入ってきて、細菌がつく。すると、耳あかをとったために、かえって外耳道炎になりやすい。耳かきでつけた傷は一週間ほどすると治るので、水泳の一週間前には、耳掃除をしておくことが必要だ。

どんなスポーツ種目でも、暑い日には泳ぐ運動をトレーニングとして加えたい。

30　「すわり疲れ」を「動き疲れ」でとりさる法

スポーツの疲れは、労働のとはちがう疲れ

私達の先祖は長い時間働いて毎日疲れていたのだと思います。重い物を運んだり、走って物を届けたり、畑をすきやくわで耕したり、汗を流し流し働いていたのです。ところが近代の技術の発達によってしだいに働く姿が変わってきました。重い物は持つ必要がありませんし、走る労働もなくなってきました。耕作をするにも人の何倍かの力をだす機械が作られました。ガソリンや電気で動く機械が、人の筋肉で行なっていた仕事を代わってしてくれるようになりました。そうなると、働くことによる疲れ方も変わってきたのです。

昔は筋肉を動かして疲れましたが、今は動かさないために起こる疲れになりました。さらに加えて、現在は、機械が指示通りに動いているかどうかを監視するという仕事のために起こる疲れになってきました。

昔はからだを自分の筋肉で移動させることから起こる「動き疲れ」でしたが、今はじっとすわっている労働が多くなってきたので、「すわり疲れ」です。このような社会が長く続きますと、じっとしていることに適応したからだに変わっていくかもしれませんが、それには一万年も二万年もかかることでしょう。それまでは、からだの方から、昔の「動き疲れ」を要求してくるのです。ところが実際に私達のからだに起こっている疲れ方はじっとすわっていることから起こる神経の疲れなのです。この二つの疲れの間に、ズレが起こっているのです。現代社会の生活が、神経疲れを引き起こすようになってきたものですから、筋肉疲れが起こらなくなってきました。ところが、からだの方はといえば、筋肉疲れ解消のプログラムは持っているものの、神経疲れ解消のプログラムはまだ持っていません。ですから、この二つの疲れの間でうまくからだを調節できないので困っているのが、われわれ現代人というわけです。

それではどのようにして神経の疲れをとればよいのでしょうか。薬でしょうか。いいえ、別の疲れでこの疲れをとるのが一番です。それは昔の労働のように筋肉を使った疲れを呼び起こすことによって、神経の疲れをとるのです。いわば疲れで疲れをとろうというわけです。

筋肉を使っての疲れはじっとしていることでとれました。ですから、ごろ寝をしたりするのは大変よい方法だったのですが、今は逆にじっとしてきたことから起こった疲れですから、大

いに筋肉を動かしてやることです。それにはどんな方法があるのでしょうか。昔のように人の力で畑を耕すこともいいと思います。庭があればそこに草や野菜を植えて花を楽しみ、木を楽しみ、収穫する果物や野菜を楽しむこともいいことでしょう。また芝生を植えて芝を刈ることも疲れをとるよい方法です。私の家族も畑を山崎さんという友人から借りて、日曜日になると、出かけていっては、耕したり肥料をやったり、植えたり収穫したりすることを二時間ほど楽しんで帰ってきます。農作業は大変ここちのよい疲労感を残してくれます。日ごろの神経の疲労は、それで中和されてしまったようです。
　スポーツもいいと思います。全身の筋肉を使うことに心がけて、走り回ったりすることがい

いのです。でも、スポーツで競争ばかりしていたのでは困ります。上手下手ではなくて、楽しみのスポーツです。後で気分爽快になるかどうかで判断してもよいでしょう。

屋外にハイキングにでかけたり、あるいは貝掘りにでかけることもいいわけです。これからも社会は変わることでしょう。それによって、疲れ方も変わってきます。神経の疲れを筋肉の疲れでとるということが、これからますます大事になっていくことでしょう。

さあ、この本を伏せてグランドへ出ていきましょう。

31 アベベのオリンピック・マラソン優勝の秘密

高い山に登るだけでトレーニングになる

アベベというマラソンの選手がいました。彼はローマ・オリンピックと東京オリンピックのマラソンで二連勝しています。そのローマのオリンピックのときのことです。マラソンのコースは古代から使われていた石畳の道が採用されました。そこを走っていたアベベが、途中ではいていた靴を脱ぎ捨てて、裸足《はだし》で走り出しました。そのことが大変強く印象に残っています。

「こんなはき慣れないはき物なんて捨ててしまえ」というふうな表情で、じゃまになる靴を道端に投げ捨ててしまいました。新聞は「ハダシの王者」とたたえました。

私は彼の生まれ故郷のことを思い出していました。アベベはアフリカの美しい国であるエチオピアで生まれ育ちました。エチオピアの国土のほとんどが二〇〇〇メートルという高い所にあります。そこで練習をしたアベベが、そこと比べると海の水面に近いローマや東京に来て、

そして走って優勝したわけです。
　世界の人々は、なぜ、無名に近いアベベが優勝できたのか、その秘密を探ろうとしました。
　彼はエチオピアの首都である高地のアジス・アベバに長くいたので、他の選手よりも彼の血液の中にヘモグロビンという成分がたくさん含まれていて、酸素を多く使える状態で、ローマや東京に下りてきたために、優勝できたのではないだろうか、と考えました。
　なぜヘモグロビンが多くなると速く走れるのでしょうか。それはヘモグロビンが酸素を運ぶトラックの役目をしているからです。肺の所で酸素を乗せたヘモグロビンのトラックは身体中張りめぐらされた血管の中を通って、その酸素を全身の筋肉に運んでいきます。運ばれた先では、ヘモグロビンのトラックから酸素を下ろしてそれを使ってエネルギーをだすわけです。私達の身体は、燃料は使い切れないほど持っていますが、身体の中に酸素をとりこんだ分だけしか燃えないわけです。酸素さえたくさん入ってくれれば、いくらでも燃やすものはあるわけです。

酸素を身体の中に入れるのには、どうすればよいのでしょうか。酸素は空気中に約五分の一含まれていますから、その空気を呼吸運動で肺の中へ送り込みます。肺では心臓から押しだされてきた静脈血との間で、空気の中の酸素だけを血液に渡す仕事が行なわれます。酸素を受けとるのはヘモグロビンです。ヘモグロビンという酸素を運ぶトラックが必要なのです。そのトラックの数が多ければ多いほど、酸素はたくさん取り込めますし、身体のすみずみまで運べます。すると、そこでエネルギーをだすことができるわけです。エネルギーをだすということは筋肉を収縮させて働かせるということです。

マラソンのように二時間以上も走り続けるスポーツや、そこまでいかなくても五分以上走るようなスポーツでは、使っている筋肉にどれだけ多く酸素を運び入れられるかが問題です。酸素の量によってどれだけ筋肉を収縮させることができるのか、またはどれだけエネルギーを使えるのかということが決まってくるわけです。

エチオピアのアベベは高い所に住んでいたために、知らない間に酸素を運ぶ力が増えていたのです。ローマや東京のように海抜ゼロメートルの所に住んでいる人々から比べますと、何割か多かったのでしょう。それで他の人より多い酸素運搬のヘモグロビンを使って、身体にどんどん酸素を取り入れることができ、それがマラソンの優勝につながったのでしょう。もちろん、ただ高い所に住んでいる人なら誰でも速く走ることができるというものではありません。けれどもそのことが大きな理由の一つなのです。

そのようなことがわかってきたうえに、東京の次にはメキシコのメキシコ・シティという二二六〇メートルの高地でオリンピックが開かれた関係もあって、日本でも高地トレーニングが行われるようになりました。日本のオリンピック候補選手は日本ばかりでなく、中国やアメリカ合衆国の高山の中腹で、練習をしています。その高さで酸素を運ぶトラックの数が増えてくるのを練習しながら待ちます。血液検査をして増加を確認し、平地に降りて競技をすれば、よい結果が出ることがわかってきました。

平地にしばらくいると、また平地にいたときと同じ状態にもどってしまいます。けれども次に高地へいったときに、ヘモグロビンの増え方は他の人よりもスムーズのようです。私もこんな経験をしたことがあります。

私はアンデスの山に調査にでかける前の年に、スイス・アルプスにでかけています。観光客の多いユングフラウ・ヨッホ（三六五四メートル）にスイスの首都の名前を取ったベルン大学の研究所があるのです。そこで少しの間、研究をしていたものですから、翌年にアンデス山脈に出かけたときはスムーズに適応して、ほとんど高度の影響があらわれませんでした。普通なら息切れや頭痛などで苦しむのですが、適応がうまくいきました。

このように、高い所に身体を置くことによって、それに身体を合わせようとする力が働いています。そして、それは持続してしばらくは忘れないようです。

このようなことがわかっていますから、皆さんもときどき高い山に出かけてみたらいかがでしょうか。

指導一口メモ―⑰

運動不足が石を作り、石は運動で出ていく

入院をしている人の中には、骨からカルシウムがぬけていって、尿の中にまじることがある。それを高カルシウム尿症といっている。尿も運動不足のために停滞気味で結石が起きやすい。運動すれば、その結石も小さなものは外に出ることが多い。

結石は、二〇歳から五〇歳までの間によく見られる。運動不足が、腎臓《じんぞう》やぼうこうの結石を作りやすいのである。

32 暑い中で運動しているのに、汗が出なくなったら

命が危ない、急いで救急車！

暑い季節になってきました。日差しが強いと、焦げるようなにおいさえするほどです。少し動いただけでも汗が吹き出てきて、ふいてもふいてもまた出てきます。そんな暑さの下でグランドを走り回っていますと、着ている物が全部汗だらけになって、ぐっしょりとし、休んだときには、衣服が重たく感じられるものです。グランドの横の木陰に入ると、気温にしてわずか二、三度のちがいですが、ずいぶん涼しく感じますし、気持ちのいいものです。練習の合い間に一杯の水を飲むとまた元気が出てきます。

反対に、冬、雪の降り積もった山に登ると、ずいぶん寒い思いをするものです。手袋を三重にしても手が冷たく、こぶしをつくって互いにたたきあっていても、いっこうに暖かくなってこない朝も経験しました。

このようにスポーツは、暑さや寒さの中でも行なわれています。そのために、大汗がでて、からだの水分が不足するということも起こってきますし、からだがふるえて止められないこともあります。からだはこのような経験をすることによって、少しずつその適応できる幅を広げていきます。最初の内は適応できる能力の幅が狭いものですから、ちょっと寒くなれば大げさにからだは反応をしなければなりませんし、暑いときは人よりも多く汗を出さなければなりません。スポーツの練習を繰り返している間に、しだいにその適応の力は広がっていき、少々の暑さや寒さに対しても平気で持ちこたえることができるようなからだになっていきます。そうなるためには、暑さのストレスをからだに加え、

からだがそれに反応し、次に暑さのストレスを取りのぞいて回復させるということを繰り返します。

水を飲むことも同じです。初心者はからだの水不足に適応できる幅が狭いので、少しの不足に対しても、水を飲まないことには耐えられないのです。ところがベテランになると、少々水を飲まなくても適応する範囲が広く、たいがいの場合はその中におさまっている場合が多いのです。

もちろん、それにも限度があります。どんなベテランでも水をどんどんからだから失っていけば、いずれ適応できなくなるときがくるのです。からだが水不足に対して適応の限界に近づいてくると、意識を失わせるなどして、最後の適応を試みます。しかしながら、意識がうすれてきたりすれば、それは病気の状態で、急いで処置しなければ命が失われるほど大変な状態になっています。

暑さで水不足に適応できなくなっている人を見つけるには、からだの熱を外へ捨てられなくなってきた状態、すなわち、汗が出なくなってきたという状態に注意することです。運動しているのに汗が出なくなるのです。あれほど出ていた汗が出なくなって皮膚が乾きだしてきたら危険信号です。からだの中に熱がどんどんたまりだしてしまうからです。汗でからだを冷やしているのに、それが冷やせなくなるわけです。もう水を飲んでも遅すぎます。急いでからだの熱をとらなくてはなりません。

そのよい方法は、からだのまわりを冷たくすることですから、全身を水の中に入れるとか、氷があればからだに押しつけて、一気に熱を取る必要があるのです。ホースで水をかけるのもいいでしょう。そのようにしながら救急車を呼ぶことも忘れてはなりません。私達がグランドや体育館でできる救急処置には限度があるからです。

暑いときに汗だくだくになってするスポーツの場合は、初心者には水を飲ませましょう。練習の十五分前にコップ一、二杯の水を飲んでおくことも悪くありません。ベテランといえどもあまり極度にがまんすることはやめましょう。水は少しずつ何回にも分けて飲むのが、自分のからだの適応を広げていく段階では大切です。そのうちにスポーツ種目の性質上、やむをえず、水を飲めない状況が一時間半も続くことがあっても、適応できるからだが作りあげられていることでしょう。

33 からだに多い安全弁装置

⚾疲れのサイン、痛みのサインは休めのサイン⚾

慣れないことをすると、疲れが早くくるように感じたことはありませんか。遠足で山歩きをして疲れたと感じるのは、日ごろから山歩きをしていないからです。しかし、毎日の通学に四キロメートルの山道を歩いている人にとっては、山歩きの遠足程度で疲れるということもないでしょう。もし、通学に乗り物をやめて、四キロメートルほどを徒歩にしたら、最初はつらい思いをしますが、二週間もすればなれてきます。そして、二カ月もたてば疲れも感じなくなります。

このように慣れたことをしたり、新しいことでもそれを繰り返すことで慣れてきたりすれば、少々のことでは疲れなくなってきます。この「疲れ」を感じる症状は、けっして悪いものではなくて、からだを守るための安全弁の役割を果たしています。もし、疲れを感じないとしたら、

どの時点でやめてよいのかわからなくなってしまいます。疲れがでなかったら、動き過ぎたり、使い過ぎてからだをこわしてしまうこともあるのです。

スポーツの場合、疲れを二つの場面に分けてみることができます。一つは、からだを作ったり、からだのはたらきをよくしたりするとき――すなわちトレーニングのとき――の疲れです。このトレーニングをしているときに疲れたものは、疲れが回復するときに体力がついていきます。

疲れることが体力をつける条件なのです。

これを超回復と呼んでいます。

もう一つの疲れは、試合によって起こる疲れです。これは完全に回復させておくことが大事です。

新しいスポーツを始めたときには、ちょっと練習しただけで、すぐに疲れを感じてしまいます。初心者は少しの運動で疲れてしまうのです。運動量はたいしたことはないのに、未経験の運動だから脳が疲れてしまうのです。これは、中枢に新しい情報を入力する容量が少ないことと、からだの方にそのスポーツが刺激するストレスから十分に守ることができない程度の力しか、そのときにはついていないからです。練習を繰り返しているうちにしだいに疲れなくなってくるのは、しだいに疲れを防ぐ塀が高くなってきて、少々のことでは疲れない力がからだについてきたからです。そうなると、疲れるまでにずいぶん大きな力がだせるようになります。ストレスに抵抗して、それを解消する力が働いていますが、ストレスが続くとその力が消費されて、ストレスの方が優勢になってくると、疲れとなって感じられます。

その疲れの状態からさらに進むと、どんな症状になるのでしょうか。多くは、痛みとなってあらわれてきます。痛みが感じられるということはからだを守るための安全弁の役目を果たしているのです。痛みの程度は、その痛みの起こる時期と関係しています。最初は運動終了後に起こってきます。次は運動を始めたら、まだ疲れていないのに痛むようになり、もっとひどくなれば運動を始める前から痛くなるのです。疲れや痛みは、からだを守る安全弁だということをしっかりと覚えておきましょう。

第一の安全弁が疲れで、第二の安全弁が痛みです。

疲れや痛みがでてきたということは、安全弁がとんでしまったということですから、そこで運動を一時中止します。中止すれば疲れは回復し、痛みは消えていきます。そうなれば、また安全弁が回復し、正常に働くようになります。どこまで疲れたら安全弁が働くようになるかは、個人差とトレーニング差です。その塀は、なるだけ高い方がいいわけです。それには、スポーツの技ではなくて、基礎体力をつけるような運動をして、疲れを感じるまでの塀を高くしておきましょう。

私の親戚の家で実際にあった話です。その家の道をはさんだ前の家が火事になったときのことです。家にはおばあさんしかいませんでした。悪いことに家の門の前に小さなトラックが停車してあったそうです。家財道具を運び出したり、消火のじゃまになるものですから、そのトラックをおばあさんが後ろから押して二メートルほど動かしたのだそうです。日ごろからそのおばあさんはあまりからだの強い方ではないと聞いていたのに、いざ火事となったときには、そんなバカ力がでたのです。そこへ外出をしていた人が火事だと聞きつけて帰ってきますと、おばあさんはトラックを動かした所ですわり込んでしまっていたそうです。

日ごろのおばあさんのようすでは、そんな力はとうていでてきそうにありません。もし、そんな力仕事をしたら、すぐに疲れを感じ、痛みも感じて、安全弁が働くはずなのに、いざ火事だといったときには、そのような安全弁を無視して力が出たのです。

いつもはそのような大きな力を押さえて分割して、持続するように働いているわけです。しかし、火事場のバカ力といわれるように、安全弁の信号無視をした状態も私達の身体の大事な働きの一つなのです。そういうわけで、スポーツの試合場面で、これが最後だ、ここ一発、後はないといったときに安全弁の信号を無視して、高い力をだす人もいるのです。

スポーツマンがいざ本番という前にいろいろな動作をして、あたかも神に祈る儀式のように決まった動作を行なっているのを見たことがあるでしょう。自分を信号無視に近い状態に持っていこうとしているのです。

ともあれ、疲れは、よい安全弁の役割ですから最初はよく休みましょう。慣れて力がついてくれば、今までなら疲れてしまうところを、さらに力を発揮することができますから、しだいに自分の能力が高まっていくことを感じると思います。

索　引

あ行

た行

な行

は行

ま行

や行

ら行

著者紹介

舟橋明男

昭和13年生。広島大学教育学部卒。

膳所高校教諭，徳島大学第一生理専攻生，高知大学教授，高知学園短期大学教授を経て，現在，九州産業大学教授。第57回日本体力医学会大会長。医学博士。高知県体協スポーツ科学委員会委員長。高知大学名誉教授。

著書：『これで防げるスポーツ障害』『知っているときっと役に立つスポーツ指導の名言』『発達運動生理学』『体力の診断と評価』等。

現住所：〒780-0952 高知市塚ノ原128-50

橋本名正

昭和９年生。高知大学教育学部卒。

高知学芸高校教諭，高知大学教育学部附属中学校副校長，高知女子大学教授を経て，現在，高知女子大学非常勤講師。高知女子大学名誉教授。

著書：『これだけは知っておきたい体育指導の禁句と手立て』『運動の好き嫌いをなくす指導』等。

現住所：〒780-8073 高知市朝倉本町2-15-10

小西文子

昭和23年生。高知女子大学大学院在学中。

現在，高知学園短期大学講師。

著書：『給食運営管理実習・学内編』等。

現住所：〒780-0034 高知市三園町157-203

知《し》っているときっと役《やく》に立《た》つ
スポーツとからだの話《はなし》33

2002年10月１日　初版発行
2008年３月15日　７刷発行

著　者　舟《ふな》　橋《はし》　明《あき》　男《お》
　　　　橋《はし》　本《もと》　名《もり》　正《さだ》
　　　　小《こ》　西《にし》　文《ふみ》　子《こ》

発行者　武　馬　久　仁　裕

印　刷
製　本　株式会社チューエツ

発　行　所　株式会社　黎《れい》　明《めい》　書《しよ》　房《ぼう》

460-0002 名古屋市中区丸の内3-6-27 EBSビル　☎052-962-3045
FAX052-951-9065　振替・00880-1-59001
101-0051 東京連絡所・千代田区神田神保町1-32-2 南部ビル302号
☎03-3268-3470

落丁本・乱丁本はお取替します　ISBN978-4-654-01707-2